本书是2022年度天津市哲学社会科学规划重大委托项目
"开辟马克思主义中国化时代化新境界的基本原则和路径方法研究"
（项目编码：TJESDZX22-05）的结项成果

开辟马克思主义
中国化时代化新境界

颜晓峰 等著

天津出版传媒集团

天津人民出版社

图书在版编目（CIP）数据

开辟马克思主义中国化时代化新境界 / 颜晓峰等著.
天津：天津人民出版社，2025. 3. -- ISBN 978-7-201
-20801-5

Ⅰ. D61

中国国家版本馆 CIP 数据核字第 2025QS0897 号

开辟马克思主义中国化时代化新境界
KAIPI MAKESIZHUYI ZHONGGUOHUA SHIDAIHUA XIN JINGJIE

出　　版	天津人民出版社
出 版 人	刘锦泉
地　　址	天津市和平区西康路35号康岳大厦
邮政编码	300051
邮购电话	（022)23332469
电子信箱	reader@tjrmcbs.com

责任编辑	佐　拉
装帧设计	汤　磊

印　　刷	天津新华印务有限公司
经　　销	新华书店
开　　本	710毫米×1000毫米　1/16
印　　张	14.75
插　　页	2
字　　数	280千字
版次印次	2025年3月第1版　2025年3月第1次印刷
定　　价	89.00元

目 录

Contents

第一章

马克思主义科学理论指导是党的成功之道

党的二十大是中国共产党成立100周年后召开的第一次全国代表大会，习近平在大会报告中明确指出："马克思主义是我们立党立国、兴党兴国的根本指导思想。""拥有马克思主义科学理论指导是我们党坚定信仰信念、把握历史主动的根本所在。"用马克思主义科学理论武装起来的中国共产党，从诞生之日起就把马克思主义鲜明地写在自己的旗帜上，不仅坚持以马克思主义科学理论为指导，创造性地发展了马克思主义，而且把握中国革命、建设和改革的历史主动，把"为中国人民谋幸福、为中华民族谋复兴"的初心和使命不断推向更高阶段。今天，我们可以自豪地说：我们比历史上任何时期都更接近、更有信心和能力实现中华民族伟大复兴的目标。新的百年的首次大会，高度凝练了中国共产党取得成功的根源在于坚持马克思主义科学理论指导，同时也向世人宣告中国共产党继续取得成功的根本遵循。

一、马克思主义是无产阶级争取自身解放和整个人类解放的科学理论

马克思主义是由马克思、恩格斯创立并为后继者所不断发展的科学理论体系,是关于自然、社会和人类思维发展一般规律的学说,是关于社会主义必然代替资本主义、最终实现共产主义的学说,是关于无产阶级解放、全人类解放和每个人自由而全面发展的学说,是无产阶级政党和社会主义国家的指导思想,是指引人民创造美好生活的行动指南。

(一)马克思主义是由马克思、恩格斯创立并不断发展的科学理论体系

马克思主义是马克思、恩格斯于19世纪中叶创立的,其诞生的重要标志是1848年《共产党宣言》的发表。马克思主义是马克思、恩格斯在批判地继承和吸收人类关于自然科学、思维科学、社会科学优秀成果,特别是德国古典哲学、英国古典政治经济学和英法空想社会主义的合理内核,并结合当时欧洲工人运动的客观需要和自身参加革命实践的基础上创立的,马克思主义主要由马克思主义哲学、马克思主义政治经济学和科学社会主义三大部分组成。马克思主义是科学的理论,创造性地揭示了人类社会发展规律;是人民的理论,第一次创立了人民实现自身解放的思想体系;是实践的理论,指引着人民改造世界的行动;是不断发展的开放的理论,始终站在时代前沿。

1.马克思主义是科学的理论

马克思主义是对自然、社会和人类思维发展本质和规律的正确认识。它吸收了自然科学和社会科学发展的最新成果,具有以辩证唯物主义和历

史唯物主义为主要内容的科学的世界观和方法论基础,这既是马克思主义的突出特征和理论优势,也是马克思主义科学性的重要体现。恩格斯曾经指出:"马克思的整个世界观不是教义,而是方法。它提供的不是现成的教条,而是进一步研究的出发点和供这种研究使用的方法。"①列宁在谈到马克思主义的科学性时指出:"马克思学说具有无限力量,就是因为它正确。它完备而严密,它给人们提供了决不同任何迷信、任何反动势力、任何为资产阶级压迫所作的辩护相妥协的完整的世界观。"②毛泽东在1942年指出:"马克思列宁主义是从客观实际产生出来又在客观实际中获得了证明的最正确最科学最革命的真理。"③邓小平在1992年指出:"我坚信,世界上赞成马克思主义的人会多起来,因为马克思主义是科学。"④习近平指出:"在人类思想史上,就科学性、真理性、影响力、传播面而言,没有一种思想理论能达到马克思主义的高度,也没有一种学说能像马克思主义那样对世界产生了如此巨大的影响。"⑤马克思主义产生以来对世界历史进程的巨大影响,源于马克思主义是正确的理论,是科学、是真理。马克思主义以事实为依据,以规律为对象,以实践为最终检验标准,不但以科学的态度对待人类已有思想成果,而且能够以科学的态度对待自身的理论。

2.马克思主义是人民的理论

人民性是马克思主义的本质属性,人民至上是马克思主义的政治立场。马克思主义从来不隐瞒自己的立场,始终坚持人民群众是历史的创造者,公开声明自己为广大人民群众谋利益,是来自人民、为了人民、造福人民的理论。马克思主义是无产阶级的世界观,是关于无产阶级解放的学说,无产阶

①　《马克思恩格斯文集》(第十卷),人民出版社,2009年,第691页。
②　《列宁选集》(第二卷),人民出版社,2012年,第309页。
③　《毛泽东选集》(第三卷),人民出版社,1991年,第817页。
④　《邓小平文选》(第三卷),人民出版社,1993年,第382页。
⑤　习近平:《深刻认识马克思主义时代意义和现实意义　继续推进马克思主义中国化时代化大众化》,《光明日报》,2017年9月30日。

级只有解放全人类,才能彻底解放自己。反对以私有制为基础的资本主义社会所存在的广泛的经济剥削和政治压迫,建立以公有制为基础的社会主义社会,最终实现共产主义,这既是无产阶级解放的事业,也是广大人民群众和全人类解放的事业。真正的马克思主义政党作为无产阶级解放事业的领导力量,始终站稳人民立场,其一切斗争都是为了最广大人民群众的根本利益,没有任何自己特殊的利益。《共产党宣言》中明确指出:"过去的一切运动都是少数人的,或者为少数人谋利益的运动。无产阶级的运动是绝大多数人的,为绝大多数人谋利益的独立的运动。"[1]"共产党人……他们没有任何同整个无产阶级的利益不同的利益。"[2]列宁曾经指出:"只有马克思的哲学唯物主义,才给无产阶级指明了如何摆脱一切被压迫阶级至今深受其害的精神奴役的出路。只有马克思的经济理论,才阐明了无产阶级在整个资本主义制度中的真正地位。"[3]习近平在纪念马克思诞辰200周年大会上的讲话中指出:"马克思主义博大精深,归根到底就是一句话,为人类求解放。在马克思之前,社会上占统治地位的理论都是为统治阶级服务的。马克思主义第一次站在人民的立场探求人类自由解放的道路,以科学的理论为最终建立一个没有压迫、没有剥削、人人平等、人人自由的理想社会指明了方向。马克思主义之所以具有跨越国度、跨越时代的影响力,就是因为它植根人民之中,指明了依靠人民推动历史前进的人间正道。"[4]

3.马克思主义是实践的理论

马克思主义是实践的理论,是指引着人民改造世界的行动。马克思主义从实践中来,到实践中去,在实践中接受检验。马克思主义不是书斋里的学问,不是纯粹的解释世界的学说,而是服务于无产阶级和人民群众改造世

---

① 《马克思恩格斯文集》(第二卷),人民出版社,2009年,第42页。
② 《马克思恩格斯文集》(第二卷),人民出版社,2009年,第44页。
③ 《列宁选集》(第二卷),人民出版社,2012年,第314页。
④ 习近平:《在纪念马克思诞辰200周年大会上的讲话》,《人民日报》,2018年5月5日。

界的实践活动的科学理论。实践的观点是马克思主义首要的和基本的观点，这一基本观点体现在马克思主义全部理论之中。马克思指出："哲学家们只是用不同的方式解释世界，问题在于改变世界。"①"全部社会生活在本质上是实践的。凡是把理论引向神秘主义的神秘东西，都能在人的实践中以及对这种实践的理解中得到合理的解决。"②习近平进一步指出："马克思主义具有鲜明的实践品格，不仅致力于科学'解释世界'，而且致力于积极'改变世界'。"③无论是马克思、恩格斯领导共产主义者同盟并投身于1848年欧洲革命，还是其后以马克思主义为指导的世界各国社会主义运动，都充分彰显了马克思主义的实践品格。

4.马克思主义是不断发展的开放的理论

马克思主义具有与时俱进的理论品质，它不仅是当时时代的产物，更是随着时代、实践和科学的发展而不断丰富和完善的理论成果。马克思一再告诫人们，马克思主义理论不是教条，而是行动指南，必须随着实践的变化而发展。一部马克思主义发展史就是马克思、恩格斯及他们的后继者们不断根据时代、实践、认识发展而发展的历史，是不断吸收人类历史上一切优秀思想文化成果丰富自己的历史。马克思主义之所以能够永葆青春，就是因为不断探索时代发展提出的新课题、回应人类社会面临的新挑战。中国共产党在领导革命、建设和改革的伟大实践中，始终坚持把马克思主义与发展中的中国具体实际相结合，与中华优秀传统文化相结合，创立了毛泽东思想、邓小平理论，形成了"三个代表"重要思想、科学发展观，创立了习近平新时代中国特色社会主义思想为代表的一系列马克思主义中国化时代化的理论成果，并将这些新的理论成果用于指导各历史时期的新的伟大实践，这充分彰显了马克思主义与时俱进的理论品格。

①　《马克思恩格斯文集》（第一卷），人民出版社，2009年，第502页。
②　《马克思恩格斯文集》（第一卷），人民出版社，2009年，第501页。
③　习近平：《在哲学社会科学工作座谈会上的讲话》，人民出版社，2016年，第9页。

(二)马克思主义是关于实现共产主义远大理想的学说

马克思主义既是关于无产阶级和人类解放的不断发展的科学理论,同时又把实现共产主义作为崇高的价值追求。在马克思主义经典文献《共产党宣言》中,明确确立了马克思主义政党的最高目标是实现共产主义,并把实现人的自由而全面的发展作为共产主义的本质特征。这一崇高理想站在了人类道义的制高点,成为一代又一代马克思主义者忠贞不渝、坚强不屈的坚定信仰和不惧任何风险、战胜一切困难的精神支柱,成为马克思主义政党团结广大人民砸碎旧世界、创造新世界的精神旗帜。

1.共产主义远大理想指明了人类社会的发展方向

在人类历史上,有许多思想家胸怀满腔热情,展望美好的未来社会。柏拉图的《理想国》、托马斯·莫尔的《乌托邦》就是其中的代表。作为马克思主义重要理论来源之一的空想社会主义,也曾详尽地描绘了理想社会的图景。但是在马克思主义创立以前,人们对未来美好社会的向往通常具有浓厚的空想性质和幻想色彩,至多只是人类美好憧憬的镜中花水中月。

马克思、恩格斯所畅想的未来美好社会是人类历史上最美好的理想。在共产主义社会,生产力高度发展,物质财富极大丰富,人们的思想觉悟和道德品质极大提高。共产主义是人与自然之间、人与社会之间、人与人之间,以及人的身与心关系之间高度和谐的社会,是人的自由全面发展和人类解放的社会。马克思主义之所以为人类社会指明了发展方向,并不仅仅是描绘了共产主义的美好,更重要的是在深刻揭示人类社会发展的一般规律和资本主义社会发展的特殊规律的基础上,得出了共产主义将成为历史发展的必然。在人类社会发展的未来趋势问题上,马克思主义不仅与历史周期循环论和历史倒退论不同,坚信历史潮流奔腾向前,而且坚信掌握了规律的人民终将成为自己的主人和人类社会发展的主人,坚信共产主义远大理想一定能够在不断改变现存状况的现实运动中一步一步实现。世界社会主义运动的发展,尤其是中国共产党领导的中国革命、建设和改革的成功实践,都是共产主义因素的积累,都是在实现共产主义远大理想的道路上的聚沙成塔、集腋成裘的聚集活动,每一次新的聚集都把实现远大理想向前推进到新的阶段。

2.实现共产主义远大理想是人类社会历史发展的必然

共产主义远大理想是人类历史上最科学的理想,与其他理想的根本区别在于它不是从主观愿望或抽象人性出发提出的空想,而是建立在深刻揭示人类社会发展的一般规律和资本主义社会发展的特殊规律的基础上,创造性提出唯物史观和剩余价值学说,对人类社会发展客观规律的科学预见。这一理想的实现,具有历史的、客观的必然性。

马克思主义认为,世界上的万事万物都处于普遍联系和变化发展之中,而普遍联系和变化发展是有规律的,对立统一规律、量变质变规律和否定之否定规律是变化发展的一般规律。对立统一规律揭示事物普遍联系的根本内容和变化发展的内在动力,矛盾的统一性和斗争性相结合,构成事物的矛盾运动,推动事物变化发展。量变质变规律揭示事物发展的状态和过程,体现事物发展是飞跃性和渐进性的统一。否定之否定规律揭示事物发展呈螺旋式上升或波浪式前进的总趋势,体现事物发展的前进性和曲折性的统一。

人类社会作为物质世界的重要组成部分,在人类实践活动的推动下不断实现从低级到高级的社会发展和进步,生产力和生产关系的矛盾、经济基础和上层建筑的矛盾既是人类社会的基本矛盾,又是推动人类历史发展的根本动力。恩格斯在总结马克思的贡献时指出:"正像达尔文发现有机界的发展规律一样,马克思发现了人类历史的发展规律,即历来为繁芜丛杂的意识形态所掩盖着的一个简单事实:人们首先必须吃、喝、住、穿,然后才能从事政治、科学、艺术、宗教等等;所以,直接的物质的生活资料的生产,从而一个民族或一个时代的一定的经济发展阶段,便构成基础,人们的国家设施、法的观点、艺术以至宗教观念,就是从这个基础上发展起来的,因而,也必须由这个基础来解释,而不是像过去那样做得相反。"①恩格斯所指出的人类历史发展规律就是马克思主义唯物史观。唯物史观认为社会基本矛盾运动是人类社会发展的最终原因,在物质决定意识的基础上,指明了社会存在决定社会意识的正确历史观;唯物史观认为在阶级社会里,社会内部的基本矛盾表现为阶级矛盾,阶级斗争是阶级社会发展的直接动力;唯物史观认为人民群众是历史的创造者,找到了实现以社会主义代替资本主义的社会力量。

以唯物史观考察人类社会发展,总的过程是:伴随着生产力的发展,人类社会从原始社会、奴隶社会、封建社会、资本主义社会、社会主义社会,最终走向共产主义社会。唯物史观是科学社会主义的第一块理论基石。

为进一步论证从资本主义向社会主义过渡的历史必然性,马克思深入资本主义生产过程,从劳动价值论出发,创造性地发现剩余价值,揭示出资本主义生产社会化和生产资料私人占有的基本矛盾运动终将推动资本主义向社会主义的转化。恩格斯指出:"由于剩余价值的发现,这里就豁然开朗了,而先前无论资产阶级经济学家或者社会主义批评家所做的一切研究都只是在黑暗中摸索。"②剩余价值学说揭示了资本主义剥削的秘密和雇佣劳动的本质,指明了无产阶级在资本主义制度下所处的被剥削地位;揭示了资本主义生产方式的矛盾运动,指明了社会主义必然代替资本主义的客观规律;揭示了资产阶级与无产阶级对立的经济根源,指明了无产阶级的革命斗争是推翻资本主义的根本途径。因此,它是科学社会主义的第二块理论基石。

实现共产主义远大理想,是以人类社会发展规律和资本主义社会的基本矛盾运动发展为依据的。人类社会发展的社会形态更替规律是实现共产主义的一般性历史观论证;以剩余价值作为资本主义的"病理解剖"和非正义性本质,进而将资本主义基本矛盾的发展运动作为资本主义实现自我否

---

① 《马克思恩格斯文集》(第三卷),人民出版社,2009年,第601页。
② 《马克思恩格斯文集》(第三卷),人民出版社,2009年,第601页。

定的力量。唯物史观揭示了人类社会发展的一般规律,剩余价值学说剖析了资本主义发展的特殊规律,从而克服了空想社会主义的缺陷,把社会主义理论建立在科学的基础之上,使社会主义真正从空想变成了科学。

(三)马克思主义是无产阶级争取自身解放和整个人类解放的行动指南

马克思主义是关于无产阶级争取自身解放和整个人类解放的科学理论,同时更是无产阶级争取自身解放和整个人类解放的行动指南。马克思主义之所以是行动指南,根本在于马克思主义是科学的理论、人民的理论、实践的理论、发展的理论,并且以共产主义远大理想为价值追求。使马克思主义真正成为行动指南,还要求无产阶级及其政党把握历史主动,在马克思主义指导下进行实际改造世界的解放运动。

19世纪三四十年代,欧洲爆发了以"三大工人运动"为标志的工人阶级反对资本主义制度的斗争,标志着现代无产阶级作为独立的政治力量登上了历史舞台。马克思主义产生后,"第一国际"等国际工人组织相继创立和发展,在不同时期指导和推动了国际工人运动的联合和斗争。在马克思主义的影响下,马克思主义政党在世界范围内如雨后春笋般建立和发展起来,人民第一次成为自己命运的主人,成为实现自身解放和全人类解放的根本政治力量。

列宁领导的俄国十月革命取得胜利,标志着社会主义从理论变为现实,打破了资本主义一统天下的世界格局。进入20世纪后,以列宁为代表的马克思主义者继承和发展马克思主义民族理论,指导和支持殖民地半殖民地国家民族解放运动。第二次世界大战结束后,一大批获得独立和解放的民族国家建立起来,彻底瓦解了帝国主义的殖民体系,世界各民族平等交往、共同发展展现出光明前景;一大批社会主义国家诞生,特别是中华人民共和国的成立,极大地壮大了世界社会主义力量。习近平指出:"我们党之所以能够完成近代以来各种政治力量不可能完成的艰巨任务,带领人民取得革命、建设、改革的辉煌成就,就在于始终把马克思主义作为行动指南,始终坚持用马克思主义中国化最新成果武装全党,使全党始终保持统一的思想、坚定的意志、协调的行动、强大的战斗力。"①

二、马克思主义是我们立党立国、兴党兴国的根本指导思想

马克思主义科学揭示了人类社会发展规律,指明了人类寻求自身解放的道路,推进了人类文明进程。马克思主义以为人类求解放为奋斗目标,以绝大多数人的利益为价值信仰,是中国共产党人初心使命的理论基础,是我们立党立国、兴党兴国的根本指导思想,是党的灵魂和旗帜。中国共产党从诞生之日起不仅把马克思主义写在自己的光辉旗帜上,始终把马克思主义这一科学理论作为立党立国、兴党兴国的根本指导思想,而且坚持在实践中不断丰富和发展马克思主义,不断以马克思主义中国化时代化最新成果武装全党,指导革命、建设和改革事业。

(一)中国共产党是用马克思主义理论武装的政党,马克思主义是我们立党立国、兴党兴国的根本指导思想

我们立党立国、兴党兴国的根本指导思想是马克思主义。把马克思主义作为党和国家的根本指导思想,是由马克思主义的科学性和人民性所决定的;把马克思主义作为我们立党立国、兴党兴国的指导思想是历史和人民的选择,是体现在党章和宪法中的重大政治原则。

---

① 习近平:《坚持用马克思主义及其中国化创新理论武装全党》,《求是》,2021年第22期。

1.把马克思主义作为党和国家的指导思想是历史和人民的选择

中华民族在几千年的历史进程中创造了灿烂的中华文明,为人类文明进步作出了重大贡献。1840年鸦片战争之后,西方列强凭借坚船利炮野蛮轰开了中国的大门,中国陷入半殖民地半封建社会的黑暗深渊。中国的先进分子在寻求救国救民的艰辛探索中,尝试过各种主义和思潮。资本主义道路没有走通,改良主义、自由主义、社会达尔文主义、无政府主义、实用主义、民粹主义、工团主义等也都你方唱罢我登场,但都没能解决中国的前途和命运问题。俄国十月革命一声炮响,为中国送来了马克思列宁主义,给苦苦探寻救亡图存出路的中国人民指明了前进方向、提供了全新选择,1921年以马克思主义为指导的勇担民族复兴历史大任的中国共产党应运而生。

中国共产党的诞生,是中国历史上开天辟地的大事件。在中国共产党的领导下,中华民族开启了从国家蒙辱、人民蒙难、文明蒙尘的历史低谷转向国家富强、人民幸福、文明灿烂的复兴征程。中国共产党团结带领中国人民浴血奋战、百折不挠,创造了新民主主义革命的伟大成就;自力更生、发愤图强,创造了社会主义革命和建设的伟大成就;解放思想、锐意进取,创造了改革开放和社会主义现代化建设的伟大成就;自信自强、守正创新,创造了新时代中国特色社会主义的伟大成就。

百余年征程雄辩证明了中国共产党能。中国共产党带领中国人民取得一系列伟大成就的根本原因在于以马克思主义科学理论为指导。毛泽东在党的七大报告中指出:"我们的党从它一开始,就是一个以马克思列宁主义的理论为基础的党,这是因为这个主义是全世界无产阶级的最正确最革命的科学思想的结晶。"①新中国成立后,毛泽东在第一届全国人民代表大会第一次会议开幕词中郑重宣告:"领导我们事业的核心力量是中国共产党。指导我们思想的理论基础是马克思列宁主义。"②进入改革开放新时期,邓小平

---

① 《毛泽东选集》(第三卷),人民出版社,1991年,第1093页。
② 《毛泽东文集》(第六卷),人民出版社,1999年,第350页。

旗帜鲜明提出了必须坚持四项基本原则,其中之一就是坚持马克思列宁主义、毛泽东思想。中国特色社会主义进入新时代,习近平在庆祝中国共产党成立100周年大会上的讲话中指出:"马克思主义是我们立党立国的根本指导思想,是我们党的灵魂和旗帜。中国共产党坚持马克思主义基本原理,坚持实事求是,从中国实际出发,洞察时代大势,把握历史主动,进行艰辛探索,不断推进马克思主义中国化时代化,指导中国人民不断推进伟大社会革命。"①

2.把马克思主义作为党和国家的指导思想是体现在党章和宪法中的重大政治原则

马克思主义作为我们立党立国、兴党兴国的根本指导思想,作为党的灵魂和旗帜,充分体现在党纲、党章和宪法之中,并随着时代的发展,增加马克思主义中国化时代化最新成果作为行动指南和指导思想,成为党和国家遵循的重大政治原则。

1921年中国共产党成立时制定的《中国共产党纲领》中,虽然没有直接表明以马克思主义为指导思想,但是其纲领部分明确表示,中国共产党与无产阶级一道推翻资本家阶级政权,消灭资本家私有制。党的二大通过的《中国共产党第二次全国代表大会宣言》明确提出,党的最高纲领是组织无产阶级,用阶级斗争的手段,建立劳农专政的政治,铲除私有财产制度,渐次达到一个共产主义的社会。

党的七大之前的党章都没有以马克思主义科学理论为指导的表述,而是以体现马克思主义的主张呈现出来的。党的七大通过的党章提出:"中国共产党,以马克思列宁主义的理论与中国革命的实践之统一的思想——毛泽东思想,作为自己一切工作的指针……中国共产党以马克思主义的辩证唯物主义与历史唯物主义为基础",首次把马克思主义中国化的理论成果作

---

① 《习近平谈治国理政》(第四卷),外文出版社,2022年,第9~10页。

为工作指针,把马克思主义作为党的理论基础。

党的八大是新中国成立后召开的第一次党的全国代表大会,大会通过的党章指出:中国共产党以马克思列宁主义作为自己行动的指南……党在自己的活动中坚持把马克思列宁主义的普遍真理同中国革命斗争的具体实践密切结合的原则。

从党的九大到十四大的党章,虽表述略有不同,但基本表述是,中国共产党以马克思列宁主义、毛泽东思想作为自己的行动指南。党的十五大党章增加了邓小平理论作为行动指南,党的十六大党章增加了"三个代表"重要思想作为行动指南,党的十八大党章增加了科学发展观作为行动指南。党的十九大和党的二十大的党章表述为:中国共产党以马克思列宁主义、毛泽东思想、邓小平理论、"三个代表"重要思想、科学发展观、习近平新时代中国特色社会主义思想作为自己的行动指南。

中国共产党领导人民制定的第一部宪法性文献,是1931年第一次全国苏维埃代表大会正式通过的《中华苏维埃共和国宪法大纲》。宪法大纲确定中华苏维埃共和国的政权性质是工农民主政权,政权的组织形式是工农兵苏维埃代表大会制度,并确定以彻底实现反帝反封建的革命纲领作为工农民主专政的基本任务。中华人民共和国第一部宪法是1954年经第一届全国人民代表大会第一次会议全票通过的,又称"五四宪法"。"五四宪法"中规定了中华人民共和国是工人阶级领导的、以工农联盟为基础的人民民主国家,中华人民共和国的一切权力属于人民,逐步消灭剥削制度,建立社会主义社会等内容。和党的七大之前的党章类似,宪法大纲和"五四宪法"中没有明文规定以马克思主义为指导,但是其内容是充满马克思主义的理论主张和科学社会主义的建国思路的。1982年第五届全国人民代表大会第五次会议通过的《中华人民共和国宪法》序言中指出:今后国家的根本任务是集中力量进行社会主义现代化建设。中国各族人民将继续在中国共产党领导下,在马克思列宁主义、毛泽东思想指引下,把我国建设成为高度文明、高度民主的社会主义国家。1999年的宪法修正案,指导思想中增加了邓小平理论。2004年的宪法修正案,指导思想中增加了"三个代表"重要思想。2018年的宪法修正案,指导思想中增加了科学发展观和习近平新时代中国特色社会主义思想。

(二)马克思主义作为我们立党立国、兴党兴国的根本指导思想,是通过马克思主义中国化时代化实现的

马克思主义作为我们立党立国、兴党兴国的根本指导思想,是通过把马克思主义与中国具体实际相结合体现出来的,是通过马克思主义中国化时代化实现的。马克思主义中国化时代化体现马克思主义的实践性和发展性。马克思主义在指导党改造客观世界和主观世界的进程中,不断推进马克思主义中国化时代化,先后创立了毛泽东思想、邓小平理论,形成了"三个代表"重要思想、科学发展观,创立了习近平新时代中国特色社会主义思想,它们都是马克思主义中国化时代化的理论成果,是马克思主义的重要组成部分,为推进社会革命和自我革命提供了强大思想武器。

毛泽东思想是以毛泽东同志为主要代表的中国共产党人把马克思列宁主义基本原理同中国革命具体实际相结合的理论成果。在毛泽东思想指引下,中国共产党团结带领全党全国各族人民,经过长期浴血奋斗,完成了新民主主义革命,建立了中华人民共和国,确立了社会主义基本制度,成功实现了中国历史上最深刻最伟大的社会变革,为当代中国一切发展进步奠定了根本政治前提和制度基础。在长期艰辛探索中,虽然也经历了一些挫折,有过一些失误,但党在社会主义革命和建设中取得的独创性理论成果和巨大成就,为在新的历史时期开创中国特色社会主义提供了宝贵经验、理论准备、物质基础。

改革开放和社会主义现代化建设新时期,以邓小平同志为主要代表的中国共产党人,团结带领全党全国各族人民,深刻总结新中国成立以来正反

两方面经验,围绕什么是社会主义、怎样建设社会主义这一根本问题,借鉴世界社会主义历史经验,创立了邓小平理论。在邓小平理论指导下,党果断作出把党和国家工作重心转移到经济建设上来、实行改革开放的历史性决策,确立了社会主义初级阶段的基本路线,明确提出走自己的路、建设中国特色社会主义。党的十三届四中全会以后,以江泽民同志为主要代表的中国共产党人,团结带领全党全国各族人民,坚持党的基本理论、基本路线,加深了对什么是社会主义、怎样建设社会主义和建设什么样的党、怎样建设党的认识,形成了"三个代表"重要思想。在"三个代表"重要思想的指导下,党有效应对国内外复杂形势,经受住了世界社会主义出现曲折的严峻考验,捍卫了中国特色社会主义,开创了改革开放新局面,成功把中国特色社会主义推向21世纪。党的十六大以后,以胡锦涛同志为主要代表的中国共产党人,团结带领全党全国各族人民,在全面建设小康社会进程中推进理论创新、实践创新、制度创新,深刻认识和回答了新形势下实现什么样的发展、怎样发展等重大问题,形成了科学发展观。在科学发展观的指导下,党抓住重要战略机遇期,聚精会神搞建设,一心一意谋发展,成功在新形势下坚持和发展了中国特色社会主义。

党的十八大以来,以习近平同志为核心的党中央团结带领全党全国各族人民,全面审视国际国内新的形势,通过总结实践、展望未来,深刻回答了新时代坚持和发展什么样的中国特色社会主义、怎样坚持和发展中国特色社会主义,建设什么样的社会主义现代化强国、怎样建设社会主义现代化强国,建设什么样的长期执政的马克思主义政党、怎样建设长期执政的马克思主义政党等重大时代课题,创立了习近平新时代中国特色社会主义思想。在习近平新时代中国特色社会主义思想的指引下,党坚持统筹推进"五位一体"总体布局、协调推进"四个全面"战略布局,坚持稳中求进工作总基调,对党和国家各方面工作提出一系列新理念新思想新战略,推动党和国家事业取得历史性成就、发生历史性变革,中国特色社会主义进入了新时代。

理论的生命力在于创新。一百多年来,党坚持把马克思列宁主义同中国具体实际相结合,与中华优秀传统文化相结合,坚持解放思想和实事求是相统一、培元固本和守正创新相统一,不断开辟马克思主义新境界,创立了毛泽东思想、邓小平理论,形成了"三个代表"重要思想、科学发展观,创立了习近平新时代中国特色社会主义思想,为党和人民事业发展提供了科学理论指导。

三、马克思主义科学理论指导是党坚定信仰信念、把握历史主动的根本所在

在人类思想史上,就科学性和影响力而言,没有一种思想理论达到马克思主义的高度,也没有一种学说能像马克思主义那样对世界产生如此广泛而深刻的影响。马克思主义的科学世界观揭示了世界的物质本性及发展规律,揭示了客观规律性和主观能动性之间的辩证统一关系,认为在尊重客观规律的前提下,充分发挥主观能动性,人们就能够正确认识和利用客观规律满足自身需要。马克思主义的科学历史观揭示了物质生产方式是社会存在和发展的基础和决定力量,人类社会历史发展有其内在规律性,揭示了社会发展的动力因素及人民群众是历史的创造者。党百余年奋斗取得历史性成就的实践表明:党能够坚定信仰信念,并能接续把握历史主动的根本原因在于马克思主义科学理论指导。习近平指出:"马克思主义始终是我们党和国家的指导思想,是我们认识世界、把握规律、追求真理、改造世界的强大思想武器。"[1]

---

① 习近平:《在纪念马克思诞辰200周年大会上的讲话》,《人民日报》,2018年5月5日。

（一）马克思主义科学理论指导是党坚定信仰信念的根本所在

中国共产党是马克思主义科学理论武装的无产阶级政党。一百多年来，党之所以能够始终保持对马克思主义的坚定信仰、对共产主义远大理想和中国特色社会主义共同理想的坚定信念，根本原因在于有马克思主义科学理论指导。

1.坚定对马克思主义的信仰

信仰的坚定来源于理论的清醒。对于真正的马克思主义者来说，科学和信仰是统一的。一个马克思主义者的信仰是否坚定，取决于他对马克思主义科学性的认识程度。越是深入地理解马克思主义的科学性，个人信仰越是坚定。马克思主义的科学性是信仰坚定性的理论基础，而信仰坚定性是马克思主义学说科学性的内化，化为内心的坚定信念和情感。

马克思主义创立后，世界社会主义运动的发展经历了从空想到科学、从理论到实践、从一国实践到多国发展的历程。这期间，既有过高歌猛进的一路前行，也有过坎坷泥泞的曲折反复，但马克思主义所揭示的人类社会历史发展的螺旋式上升的总趋势没有改变。中国共产党成立以后，一代又一代的中国共产党人，无论是处于顺境还是逆境，从未动摇对马克思主义的信仰。无数革命英烈之所以有着视死如归、舍生取义的豪迈气概，正是因为对马克思主义的科学认知。习近平指出：中国共产党之所以能够完成近代以来各种政治力量不可能完成的艰巨任务，就在于始终把马克思主义这一科学理论作为自己的行动指南。

20世纪80年代末90年代初，国际国内风波迭起，社会主义的前途命运令人担忧，对马克思主义也产生新的怀疑。在这样的关键时刻，邓小平在南方谈话时指出："一些国家出现严重曲折，社会主义好像被削弱了，但人民经受锻炼,从中吸取教训,将促使社会主义向着更加健康的方向发展。"①"我坚信,世界上赞成马克思主义的人会多起来的,因为马克思主义是科学。"②习近平在纪念马克思诞辰200周年大会上的讲话中指出:"马克思给我们留下的最有价值、最具影响力的精神财富,就是以他名字命名的科学理论——马克思主义。这一理论犹如壮丽的日出,照亮了人类探索历史规律和寻求自身解放的道路。""马克思的思想理论源于那个时代又超越了那个时代,既是那个时代精神的精华又是整个人类精神的精华。"③

2.坚定对共产主义远大理想和中国特色社会主义共同理想的信念

马克思主义科学揭示了资本主义必然灭亡、共产主义必然胜利的历史规律。解放全人类、实现共产主义是马克思主义信仰的核心追求和最终价值目标。党章明确规定,党的最高理想和最终目标是实现共产主义。

中国共产党从成立之日起就把共产主义确立为远大理想。对共产主义远大理想的坚定信念和执着追求,是党同其他政党的本质区别所在,也是中国共产党人的政治灵魂和精神支柱。邓小平曾指出:"为什么我们过去能在非常困难的情况下奋斗出来,战胜千难万险使革命胜利呢? 就是因为我们有理想,有马克思主义信念,有共产主义信念。我们干的是社会主义事业,最终目的是实现共产主义。"④中国共产党带领中国人民历经革命、建设和改革的百余年历程中,无论是面对当时沉重的"三座大山",还是新中国成立初期武装到牙齿的"联合国军";无论是开辟农村革命根据地,还是解放和管理建设大城市;无论是改革开放中遇到的各种艰难险阻,还是新时代遇到的各种可以预料和难以预料的严峻挑战,党始终能够保持强大的政治定力,坚信共产主义的光明未来,矢志不渝为实现共产主义远大理想而不懈奋斗。我

---

① 《邓小平文选》(第三卷),人民出版社,1993年,第383页。
② 《邓小平文选》(第三卷),人民出版社,1993年,第382页。
③ 习近平:《在纪念马克思诞辰200周年大会上的讲话》,《人民日报》,2018年5月5日。
④ 《邓小平文选》(第三卷),人民出版社,1993年,第110页。

们对共产主义远大理想的信念之所以坚定，是因为我们追求的是真理、遵循的是规律、代表的是最广大人民根本利益。

共产主义从远大理想变为现实情景，需要一个一个阶段性目标逐步积累，需要一个漫长的历史发展过程，需要若干代人接续奋斗、艰苦奋斗、不懈奋斗。改革开放以来，在马克思主义科学理论的指导下，党坚决抵制各种抛弃社会主义的错误主张，自觉纠正超越阶段的错误观念，始终坚持一切从实际出发，把共产主义远大理想同我们正在做的事情统一起来，成功开辟了中国特色社会主义。中国特色社会主义是党和人民历经千辛万苦、付出巨大代价取得的根本成就，是实现中华民族伟大复兴的必由之路，也是中国共产党人带领人民追求崇高理想、开辟光明未来的成功道路，是党的最高纲领和当代基本纲领的有机统一。党既胸怀共产主义远大理想，又践行中国特色社会主义共同理想，不为任何风险所惧，不为任何干扰所惑，做到虔诚而执着、至信而深厚，不断把为崇高理想奋斗的伟大实践推向前进。习近平指出："由于中国特色社会主义不断成功，冷战结束后世界社会主义万马齐喑的局面得到很大程度的扭转，社会主义在同资本主义竞争中的被动局面得到很大程度的扭转，社会主义优越性得到很大程度的彰显。"①

（二）马克思主义科学理论指导是把握历史主动的根本所在

历史发展有其规律，但人在其中不是完全消极被动的。在尊重客观规律基础上充分发挥主观能动性，把握住历史发展大势，抓住历史变革时机，奋发有为，锐意进取，人类社会才能不断前进。一百多年来，在马克思主义指导下，党团结带领人民充分发挥历史主动精神，战胜了一系列在当时看来不可战胜的困难，取得了一系列在当时似乎不可能取得的胜利。我们所取得的革命、建设和改革的一系列伟大成就既证明了马克思主义的科学真理

---

① 习近平：《学习马克思主义基本理论是共产党人的必修课》，《求是》，2019年第22期。

性,又表明把握历史主动发展马克思主义并在其指导下沿着正确方向前进的极端重要性。

1.把握历史主动,不断推进马克思主义中国化时代化

马克思主义作为科学的世界观和历史观,揭示的主要是一般性的、具有普遍性的规律,而不同国家、不同民族又总是在较为具体的国际国内实际情况下发展前行的,这就需要把马克思主义普遍真理与具体实际相结合,与每个国家自身文化传统和历史相结合,解决各自面临的重大理论和实践问题。具体问题具体分析作为马克思主义活的灵魂,要求马克思主义政党既要坚持马克思主义,又要结合具体情况发展马克思主义。

中国共产党的百余年征程表明,找到马克思列宁主义这个崭新的思想武器,并不意味着就能够自然而然解决中国革命、建设和改革中所面临的所有问题,还必须把马克思主义基本原理同中国具体实际相结合,同中华优秀传统文化相结合,把握历史主动,实现马克思主义中国化时代化,指导中国人民不断推进伟大社会革命。党的历史,既是一部推进马克思主义中国化时代化、不断丰富和发展马克思主义的历史,也是一部运用马克思主义理论认识和改造中国的历史。毛泽东思想、邓小平理论、"三个代表"重要思想、科学发展观都是马克思主义中国化时代化的理论成果。习近平新时代中国特色社会主义思想作为马克思主义中国化时代化的最新理论成果,是当代中国马克思主义、二十一世纪马克思主义,是中华文化和中国精神的时代精华,是全党全国人民为实现中华民族伟大复兴而奋斗的行动指南。

2.把握历史主动,始终沿着正确的方向前进

以马克思主义科学理论武装起来的中国共产党,自1921年成立以来,在百余年的历史征程中,不管形势和任务如何变化,不管遇到什么样的惊涛骇浪,党都始终坚持以马克思主义为指导,坚持以马克思主义分析把握历史大势,顺势而为,奋发有为,把握历史主动、锚定奋斗目标,确保我们的事业紧紧围绕国家富强、民族振兴的正确方向坚定前行。比如,抗日战争时期,党

顺应世界人民反法西斯战争和中国人民抗日救亡的历史大势,推动抗日民族统一战线的形成,成为全民族抗战的中流砥柱;党的十一届三中全会以来,适应和平与发展成为时代主题的历史大势,党及时作出改革开放的历史性决策,引领我国大踏步赶上了时代;进入新时代,适应"两个大局"相互作用的历史大势,党团结带领人民自信自强、守正创新,推动党和国家事业取得历史性成就、发生历史性变革,等等。

在马克思主义中国化时代化理论成果的指导下,党团结带领人民推翻压在中国人民头上百年的"三座大山",完成了新民主主义革命,建立了新中国,中国人民从此站起来了,中华民族在政治上重新屹立于世界民族之林;党团结带领人民在社会主义革命和建设的基础上进行改革开放,成为世界第二大经济体,如期打赢脱贫攻坚战,实现了全面建成小康社会的第一个百年奋斗目标,中华民族在经济上重新屹立于世界民族之林。同时,我们也坚信,在马克思主义中国化时代化最新理论成果的科学指导下,到2035年基本实现社会主义现代化,并在这个基础上再奋斗15年,到21世纪中叶全面建成社会主义现代化强国必将成为新的现实。我们已经取得的成就堪称奇迹,我们的未来将会创造出更大奇迹。

第二章

必须推进马克思主义中国化时代化

习近平在党的二十大报告中指出:"实践告诉我们,中国共产党为什么能,中国特色社会主义为什么好,归根到底是马克思主义行,是中国化时代化的马克思主义行。"①这深刻揭示了中国共产党"能"、中国特色社会主义"好"与马克思主义"行"、中国化时代化的马克思主义"行"之间的内在逻辑关系,尤其是首次明确提出"中国化时代化的马克思主义行",对于我们在中国大地上、在新的时代条件下不断推进马克思主义中国化时代化具有重大现实意义和深远历史意义。

---

① 习近平:《高举中国特色社会主义伟大旗帜 为全面建设社会主义现代化国家而团结奋斗——在中国共产党第二十次全国代表大会上的报告》,人民出版社,2022年,第16页。

一、必须推进马克思主义中国化时代化的实践逻辑

（一）中国共产党为什么能，归根到底是马克思主义行，是中国化时代化的马克思主义行

近代以来，中国逐步沦为半殖民地半封建社会，国家蒙辱、人民蒙难、文明蒙尘，拥有悠久文明历史的中华民族遭受了前所未有的劫难。为了拯救民族危亡，各种社会力量接连而起，各种救国方案轮番出台，但都以失败告终。中国迫切需要新的思想引领救亡运动，迫切需要新的组织凝聚革命力量。俄国十月革命一声炮响，给中国送来了马克思列宁主义。中国共产党诞生于中国先进分子接受和传播马克思主义的过程中，诞生于马克思列宁主义同中国工人运动的紧密结合中，中国共产党自成立之日起，就把马克思主义鲜明地写在了自己的旗帜上，拥有马克思主义科学理论指导，从此成为中国共产党坚定信仰信念、把握历史主动的根本所在。

中国共产党运用马克思主义观察和把握国家命运，围绕着实现中华民族伟大复兴这一主题不懈奋斗，团结带领中国人民创造了新民主主义革命的伟大成就，建立了人民当家作主的中华人民共和国，实现了民族独立、人民解放；创造了社会主义革命和建设的伟大成就，确立社会主义基本制度，推进社会主义建设，实现了迈进社会主义社会的伟大飞跃；创造了改革开放和社会主义现代化建设的伟大成就，坚定不移推进改革开放，开创、坚持、捍卫、发展中国特色社会主义；创造了新时代中国特色社会主义的伟大成就，实现第一个百年奋斗目标，党和国家事业取得历史性成就、发生历史性变革，中华民族迎来了从站起来、富起来到强起来的伟大飞跃，实现中华民

伟大复兴进入了不可逆转的历史进程。这些伟大成就的取得,根本在于中国共产党始终把马克思主义作为自己的行动指南,并坚持在实践中不断丰富和发展马克思主义——马克思主义及中国化时代化的马克思主义给中国共产党以矢志不渝的理想信念、唯物辩证的科学精神、无私无畏的博大胸怀,领导和推动中国革命、建设、改革取得伟大胜利。

习近平强调:"马克思主义之所以行,就在于党不断推进马克思主义中国化时代化并用以指导实践。"①中国共产党的历史就是一部不断推进马克思主义与中国国情相结合、用中国化时代化的马克思主义指导中国实践的生动历史。在百余年的奋斗历程中,中国共产党坚持马克思主义基本原理,坚持实事求是,从中国实际出发,洞察时代大势,把握历史主动,进行艰辛探索,不断推进马克思主义中国化时代化,取得了毛泽东思想、邓小平理论、"三个代表"重要思想、科学发展观和习近平新时代中国特色社会主义思想的重要理论成果,指导中国人民不断推进伟大社会革命。马克思主义及中国化时代化的马克思主义,为党和人民事业发展提供了既一脉相承又与时俱进的科学理论指导,为增进全党全国各族人民团结统一提供了坚实思想基础。

中国共产党推进马克思主义中国化时代化的进程是在曲折中前进的,并不总是一帆风顺。在20世纪30年代前期、中期,中国共产党内先后出现三次严重的"左"倾错误,一度在党内取得统治地位,具体表现为盲目重复马克思、列宁著作的具体结论和词句、照抄照搬苏联经验和共产国际指示,在思想方法上表现为教条主义、本本主义,不善于把马克思主义与中国具体实际全面正确地结合起来,这使得中国革命遭受严重挫折,尤其是第三次"左"倾错误造成了极其严重的危害,使红军和苏区及国民党统治区党的力量损失殆尽。这些惨痛深刻的教训告诉我们,什么时候坚持推进马克思主义中

---

① 《习近平谈治国理政》(第四卷),外文出版社,2022年,第29页。

国化时代化,中国共产党领导的革命事业就能够不断取得胜利,反之,党和人民的事业就会遭受损失甚至严重挫折。历史反复证明,中国共产党所取得的一切成就和所经历的一切曲折,从根本上都取决于是否以科学的态度和方法对待马克思主义,即结合中国实际和时代需要不断推进马克思主义中国化时代化。

一百多年来,中国共产党能够完成近代以来各种政治力量不可能完成的艰巨任务的理论密码,就在于有马克思主义、中国化时代化的马克思主义的科学指导,正是马克思主义"行"、中国化时代化的马克思主义"行",充分保证了中国共产党"能"。

(二)中国特色社会主义为什么好,归根到底是马克思主义行,是中国化时代化的马克思主义行

中国特色社会主义开创和发展于改革开放和社会主义现代化建设新时期,也得益于改革开放前的社会主义实践探索,马克思主义始终是贯穿其中的指导思想,最直接的理论源头就是马克思主义的科学社会主义学说,这成为中国特色社会主义"好"的理论基础。在社会主义革命和建设时期,以毛泽东同志为主要代表的中国共产党人提出把马克思主义基本原理同中国具体实际进行"第二次结合"的任务,探索适合中国国情、"带有自己的许多特点"的社会主义建设道路。虽然在探索过程中经历了严重曲折,但党在社会主义革命和建设中取得的独创性理论成果和巨大成就,为在新的历史时期开创中国特色社会主义提供了宝贵经验、理论准备、物质基础。在改革开放和社会主义现代化建设新时期,以邓小平同志为主要代表的中国共产党人深刻总结新中国成立以来正反两方面经验,在新中国成立以来革命和建设实践的基础上,提出"把马克思主义的普遍真理同我国的具体实际结合起

来,走自己的道路,建设有中国特色的社会主义"①,成功开创了中国特色社会主义;以江泽民同志为主要代表的中国共产党人成功把中国特色社会主义推向21世纪;以胡锦涛同志为主要代表的中国共产党人,成功在新形势下坚持和发展了中国特色社会主义。

中国特色社会主义进入新时代,习近平指出继续把坚持和发展中国特色社会主义这篇大文章写下去,"坚持马克思主义,坚持社会主义,一定要有发展的观点,一定要以我国改革开放和现代化建设的实际问题、以我们正在做的事情为中心,着眼于马克思主义理论的运用,着眼于对实际问题的理论思考,着眼于新的实践和新的发展"②,强调"中国特色社会主义是社会主义而不是其他什么主义,科学社会主义基本原则不能丢,丢了就不是社会主义"③,中国特色社会主义既坚持科学社会主义基本原则,又根据时代条件赋予其鲜明的中国特色,是科学社会主义理论逻辑和中国社会发展历史逻辑的辩证统一,是根植于中国大地、反映中国人民意愿、适应中国和时代发展进步要求的科学社会主义,是创造人民美好生活、加快推进社会主义现代化、实现中华民族伟大复兴的必由之路。

改革开放四十多年来,党的全部理论和实践的主题是坚持和发展中国特色社会主义。党始终坚持解放思想、实事求是、与时俱进、求真务实,坚持马克思主义指导地位不动摇,坚持科学社会主义基本原则不动摇,勇敢推进理论创新、实践创新、制度创新、文化创新及各方面创新,不断赋予中国特色社会主义以鲜明的实践特色、理论特色、民族特色、时代特色,形成了中国特色社会主义道路、理论、制度、文化,中国特色社会主义迎来了从创立、发展到完善的伟大飞跃。这四十多年来,我国社会主义现代化建设事业取得举世瞩目的伟大成就,我国实现了从高度集中的计划经济体制到充满活力的

---

① 《邓小平文选》(第三卷),人民出版社,1993年,第3页。
② 习近平:《关于坚持和发展中国特色社会主义的几个问题》,《求是》,2019年第7期。
③ 习近平:《关于坚持和发展中国特色社会主义的几个问题》,《求是》,2019年第7期。

社会主义市场经济体制、从封闭半封闭到全方位开放的历史性转变,实现了从生产力相对落后的状况到经济总量跃居世界第二的历史性突破,实现了人民生活从温饱不足到总体小康,再到全面小康的历史性跨越,特别是新时代的伟大变革,在党史、新中国史、改革开放史、社会主义发展史、中华民族发展史上具有里程碑意义。

中国特色社会主义的伟大实践和成就彰显了中国特色社会主义"好",同时证明了马克思主义"行"、中国化时代化的马克思主义"行"——中国特色社会主义理论体系是中国化时代化的马克思主义,产生于中国特色社会主义的实践,又反过来指导和成就了中国特色社会主义,它同马克思列宁主义、毛泽东思想是坚持、发展和继承、创新的关系,在当代中国,坚持中国特色社会主义理论体系,就是真正坚持马克思主义。

二、必须推进马克思主义中国化时代化的理论逻辑

(一)马克思主义行是中国化时代化的马克思主义行的理论前提

马克思主义是我们立党立国、兴党兴国的根本指导思想,是党的灵魂和旗帜。习近平指出:"在人类思想史上,就科学性、真理性、影响力、传播面而言,没有一种思想理论能达到马克思主义的高度,也没有一种学说能像马克思主义那样对世界产生如此巨大的影响。这体现了马克思主义的巨大真理威力和强大生命力,表明马克思主义对人类认识世界、改造世界、推动社会

进步仍然具有不可替代的作用。"①马克思主义行,根本在于马克思、恩格斯共同创立的马克思主义自身就是科学和真理,其主要由哲学、政治经济学、科学社会主义三大部分构成,科学揭示了人类社会发展规律,指明了人类寻求自身解放的道路,推进了人类文明进程。

马克思主义是科学的理论,它立足现实的经济生产事实,从繁芜的社会现象中抽象出生产力与生产关系、经济基础与上层建筑这两对社会发展的基本矛盾,在科学分析这两对基本矛盾运动的基础上,创造性地揭示了人类社会从低级向高级发展的一般规律,创建了唯物史观。在运用唯物史观分析资本主义社会时,他发现雇佣劳动与资本之间对立的事实,创立了剩余价值学说。唯物史观和剩余价值学说的创立,使社会主义实现了由空想到科学的飞跃。科学社会主义深刻揭示出了资本主义的发展规律,指明了资本主义必然灭亡、社会主义必然胜利的发展趋势,为人类指明了从必然王国向自由王国飞跃的途径,为人民指明了实现自由和解放的道路。②

马克思主义是人民的理论。只有紧紧依靠人民、为人民造福的理论才是有生命力的、才能成为人民认识世界和改造世界的强大思想武器,马克思主义就是深刻认识人民群众的主体力量、为人民谋利益求解放的科学理论。在马克思之前,社会上占统治地位的理论都是为统治阶级服务的,马克思主义第一次站在人民的立场探求人类自由解放的道路,"代替那存在着阶级和阶级对立的资产阶级旧社会的,将是这样一个联合体,在那里,每个人的自由发展是一切人的自由发展的条件"③,以科学的理论为最终建立一个没有压迫、没有剥削、人人平等、人人自由的理想社会指明了方向。马克思主义之所以具有跨越国度、跨越时代的影响力,就是因为它植根人民之中,指明

①　《习近平在中共中央政治局第四十三次集体学习时强调 深刻认识马克思主义时代意义和现实意义 继续推进马克思主义中国化时代化大众化》,《党建》,2017年第10期。
②　牛先锋:《归根到底是马克思主义行》,《天津师范大学学报》(社会科学版),2022年第1期。
③　《马克思恩格斯选集》(第一卷),人民出版社,2012年,第422页。

了依靠人民推动历史前进的人间正道。

马克思主义是实践的理论。马克思说:"全部社会生活在本质上是实践的","哲学家们只是用不同的方式解释世界,问题在于改变世界",马克思主义与生俱来地带有鲜明的实践品格。实践的观点、生活的观点是马克思主义认识论的基本观点,实践性是马克思主义理论区别于其他理论的显著特征。马克思主义不是书斋里的学问,而是为了改变人民历史命运而创立的,是在人民求解放的实践中形成的,也是在人民求解放的实践中丰富和发展起来的,为人民认识世界、改造世界提供了强大精神力量。马克思主义是来自人民的实践,又是指导人民的实践,实践性和人民性在马克思主义这里实现了内在统一,表现为在马克思主义指导下的人民改造世界的实践活动。正是独有的实践性,才使得马克思主义能够把认识世界的科学理论转化为改造世界的革命实践。

马克思主义的科学性、人民性、实践性是马克思主义行的集中体现,是中国化时代化的马克思主义行的理论前提,是中国化时代化的马克思主义汲取营养、持续发展的理论源泉。因此,中国化时代化的马克思主义的底色和本质是马克思主义,是对马克思主义的坚持与发展、继承与创新,是符合中国国情、适应时代需要的马克思主义。

(二)马克思主义要在中国行、在当代行,就必须中国化时代化

马克思主义是不断发展的开放的理论,必须中国化才能落地生根,时代化才能充满生机。恩格斯指出:"马克思的整个世界观不是教义,而是方法。它提供的不是现成的教条,而是进一步研究的出发点和供这种研究使用的方法。"①"我们的理论是发展着的理论,而不是必须背得烂熟并机械地加以重复的教条。"②马克思主义绝不是一成不变的教条,而是行动指南,必须随

---

① 《马克思恩格斯选集》(第四卷),人民出版社,2012年,第664页。
② 《马克思恩格斯选集》(第四卷),人民出版社,2012年,第588页。

着实践的变化而发展。马克思主义所蕴含的辩证唯物主义和历史唯物主义的世界观和方法论及实践观、群众观、阶级观、发展观、矛盾观等立场、观点、方法,所阐述的关于世界的物质性及其发展规律,关于人类社会发展的自然性、历史性及其相关规律,关于人的解放和自由全面发展的规律,关于认识的本质及其发展规律等原理,是指引着马克思主义中国化时代化的行动指南。一部马克思主义发展史就是马克思、恩格斯及他们的后继者们不断根据时代、实践、认识发展而发展的历史,是不断吸收人类历史上一切优秀思想文化成果丰富自己的历史。因此,马克思主义能够永葆其美妙之青春,不断探索时代发展提出的新课题,回应人类社会面临的新挑战。

党百余年的奋斗历史一再证明,马克思主义在中国行、在当代行,就在于在中国实现了本土化时代化。党的历史,是一部推进马克思主义中国化、不断丰富和发展马克思主义的历史,是一部不断推进理论创新、进行理论创造的历史。一百多年来,党坚持解放思想和实事求是相统一、培元固本和守正创新相统一,不断推进马克思主义中国化时代化,取得了毛泽东思想、邓小平理论、"三个代表"重要思想、科学发展观和习近平新时代中国特色社会主义思想等重大理论成果,为党和人民事业发展提供了科学理论指导。党之所以能够领导人民在一次次求索、一次次挫折、一次次开拓中完成中国其他各种政治力量不可能完成的艰巨任务,根本在于坚持解放思想、实事求是、与时俱进、求真务实,坚持把马克思主义基本原理同中国具体实际相结合、同中华优秀传统文化相结合,坚持实践是检验真理的唯一标准,坚持一切从实际出发,及时回答时代之问、人民之问,不断推进马克思主义中国化时代化。因此,马克思主义的科学性和真理性在中国得到充分检验,马克思主义的人民性和实践性在中国得到充分贯彻,马克思主义的开放性和时代性在中国得到充分彰显。马克思主义中国化时代化不断取得成功,使马克思主义以崭新形象展现在世界上,使世界范围内社会主义和资本主义两种意识形态、两种社会制度的历史演进及其较量发生了有利于社会主义的重大转变。

面对新时代新征程上的新问题,马克思主义要在中国行、在当代行,就必须持续不断地中国化时代化。当代中国正在经历人类历史上最为宏大而独特的实践创新,改革发展稳定任务之重、矛盾风险挑战之多、治国理政考验之大都前所未有,世界百年未有之大变局深刻变化前所未有,提出了大量亟待回答的理论和实践课题。面对快速变化的世界和中国,如果墨守成规,思想僵化,没有理论创新的勇气,不能科学回答中国之问、世界之问、人民之问、时代之问,不仅党和国家事业无法继续前进,马克思主义也会失去生命力、说服力。所以说,在当代中国,推进马克思主义中国化时代化的任务不是轻了,而是更重了。实践发展永无止境,我们推进马克思主义中国化时代化也永无止境。对待马克思主义,不能采取教条主义的态度,也不能采取实用主义的态度,而是应该以科学的态度对待科学、以真理的精神追求真理。我们要准确把握时代大势,勇于站在人类发展前沿,聆听人民心声,回应现实需要,坚持解放思想、实事求是、守正创新,更好地把坚持马克思主义和发展马克思主义统一起来,坚持用马克思主义之"矢"去射新时代中国之"的",继续推进马克思主义基本原理同中国具体实际相结合、同中华优秀传统文化相结合,使马克思主义呈现出更多中国特色、中国风格、中国气派,续写马克思主义中国化时代化新篇章。只要我们勇于结合新的实践不断推进理论创新、善于用新的理论指导新的实践,就一定能够让马克思主义在中国大地上展现出更强大、更有说服力的真理力量。

三、必须推进马克思主义中国化时代化的历史逻辑

(一)毛泽东思想的创立

1840年鸦片战争以后,中国逐步沦为半殖民地半封建社会,中华民族遭受了前所未有的劫难。面对中国近代空前深重的民族危机和社会危机,无数仁人志士苦苦探寻,多种救国方案轮番上台,但都以失败而告终。中国迫切需要新的思想引领救亡运动,迫切需要新的组织凝聚革命力量。1917年俄国十月革命一声炮响,给中国送来了马克思列宁主义。在中国人民的思想觉醒过程中,在马克思主义同中国工人运动的紧密结合中,1921年中国共产党应运而生,中国人民从此有了前进的主心骨。与此同时,世界进入帝国主义和无产阶级革命时代。在这样的背景条件下,以毛泽东同志为主要代表的中国共产党人,根据马克思列宁主义基本原理,结合中国革命和建设的具体实践,逐步形成和发展了适合中国情况的科学指导思想。

大革命失败以后,党内一部分人照抄照搬共产国际决议和苏联经验,严重脱离中国革命实际。毛泽东坚决同党内的这些错误倾向作斗争,在深入实际调查研究的基础上,在领导红军作战和根据地建设实践中,先后撰写了《中国的红色政权为什么能够存在?》《井冈山的斗争》《星星之火,可以燎原》等著作,分析和解决了无产阶级领导权的中心问题,阐明了"工农武装割据"思想,提出把党的工作重点由城市转入农村。农村包围城市、武装夺取政权思想的提出,标志着毛泽东思想的初步形成。

全面抗战爆发后,毛泽东系统总结了党领导革命特别是全面抗战爆发以来的历史经验,深入分析了中国革命具体实际,先后发表了《〈共产党人〉

发刊词》《中国革命和中国共产党》《新民主主义论》《论联合政府》等著作,分析论述了统一战线、武装斗争、党的建设"三大法宝"的基本规律和内在联系,提出了新民主主义革命的总路线,指明了中国革命的对象、动力、领导力量、性质和前途,阐述了新民主主义的政治、经济和文化,科学地回答了中国革命向何处去的问题。新民主主义革命理论的提出,标志着毛泽东思想日渐成熟。

随着毛泽东一系列理论著作的发表,党内同志认识到,需要对这一主要由毛泽东提出的关于中国革命的理论进行适当的命名,"毛泽东思想"这一概念随即逐步形成。之后,经过党的六届七中全会的酝酿和讨论,1945年党的七大通过的《中国共产党章程》明确规定:"中国共产党,以马克思列宁主义的理论与中国革命的实践之统一的思想——毛泽东思想,作为自己一切工作的指针,反对任何教条主义的或经验主义的偏向。"这就确立了毛泽东思想的指导地位。

解放战争时期和新中国成立以后,中国共产党领导人民夺取新民主主义革命的胜利,逐步实现从新民主主义到社会主义的过渡,全面开展大规模的社会主义建设。在这个时期,毛泽东撰写了《论人民民主专政》《论十大关系》《关于正确处理人民内部矛盾的问题》等著作,先后提出了人民民主专政理论、社会主义改造理论、关于严格区分和正确处理两类矛盾的学说等,丰富和发展了毛泽东思想。

以毛泽东同志为主要代表的中国共产党人,把马克思列宁主义的基本原理同中国革命的具体实践结合起来,创立了毛泽东思想。毛泽东思想是包含新民主主义革命、社会主义革命和建设、军队和国防建设、政策和策略、思想政治工作和文化工作、党的建设和外交工作等多方面内容的科学思想体系,是马克思列宁主义在中国的创造性运用和发展,是被实践证明了的关于中国革命和建设的正确的理论原则和经验总结,是中国共产党集体智慧的结晶。毛泽东思想不仅在新民主主义革命时期、社会主义革命和建设时期发挥了重要作用,也为新的历史时期开创和发展中国特色社会主义发挥了重要作用。毛泽东思想蕴含的许多基本原理、原则和科学方法,具有普遍意义和重要的指导作用,是中国共产党和中国人民宝贵的精神财富。

(二)邓小平理论的创立

1956年社会主义基本制度的确立,标志着中国进入开始全面建设社会主义的历史阶段。如何建设和巩固社会主义,是中国共产党面临的一个崭新课题。毛泽东等党和国家领导人深刻汲取苏联的经验教训,认真分析和研究中国社会主义建设的新情况新问题,提出了一系列正确的方针政策和理论观点,但同时,也犯了一些错误,走了一些弯路。1978年党的十一届三中全会以后,以邓小平同志为主要代表的中国共产党人果断纠正这些错误,重新确立实事求是的思想路线,促进了全党的思想大解放,为改革开放清除了思想障碍,同时围绕什么是社会主义、怎样建设社会主义这一基本问题进行不懈探索。

与此同时,国际环境发生重大变化。20世纪70年代中期以后,时代主题已从战争与革命转化为和平与发展,世界多极化和经济全球化深入发展,各国之间综合国力的竞争日趋激烈,以改革求和平、谋发展、促合作,逐渐成为世界各国人民的普遍愿望。在这样的时代背景下,以邓小平同志为主要代表的中国共产党人作出把党和国家的工作重心转移到以经济建设为中心的社会主义现代化建设上来,实行改革开放的重大决策,实现了党的历史上具有深远意义的伟大转折,这使理论形态随着实践基础发生了重大变化。

1982年,邓小平在党的十二大开幕词中明确提出:走自己的道路,建设有中国特色的社会主义。从此,中国特色社会主义成为新时期党的全部理论和实践的主题。从党的十二大到十三大,伴随着我国改革开放和社会主义现代化建设实践的全面开展和深入发展,邓小平围绕着"什么是社会主义、怎样建设社会主义"这个基本的理论问题和实践问题进行深层次思考,提出了许多关于社会主义的重要科学论断。1984年10月召开的党的十二届三中全会通过的《中共中央关于经济体制改革的决定》，提出和论述了社会主义经济的实质是在公有制基础上有计划的商品经济，实现了社会主义经济理论的重大突破。1987年10月召开的党的十三大，第一次比较系统地论述了我国社会主义初级阶段理论，明确概括和全面阐述了党的"一个中心、两个基本点"的基本路线，第一次对中国特色社会主义理论的主要内容作了系统概括，标志着邓小平理论轮廓的形成。

20世纪80年代末90年代初，在经济发展的紧要关头，一些人对改革开放提出了姓社姓资的讨论，不断强调反对资产阶级自由化与和平演变，对党的十三大制定的基本路线也产生了动摇。针对当时人们思想中普遍存在的疑虑，1992年邓小平前往南方视察并发表重要讲话。他重申了深化改革的重要性，并提出了一系列重要论断，如社会主义的本质是解放生产力，发展生产力，消灭剥削，消除两极分化，最终达到共同富裕；"三个有利于"标准；社会主义可以搞市场经济；改革开放胆子要大一些，敢于试验，看准了的，就大胆地试，大胆地闯。南方谈话从理论上深刻回答了长期困扰和束缚人们思想的许多重大认识问题，提出了对整个社会主义现代化建设具有现实和长远指导意义的重要思想，推动改革开放和社会主义现代化建设进入新阶段，邓小平理论也逐步走向成熟。

1992年10月，江泽民在党的十四大报告中，进一步将中国特色社会主义的主要内容归纳为九个方面，并高度评价了邓小平对开创中国特色社会主义理论的杰出贡献。1997年邓小平逝世后，在同年10月召开的党的十五大正式提出"邓小平理论"这一概念，并将其同马克思列宁主义、毛泽东思想一起，确立为党的指导思想并写入党章。

党的十一届三中全会以来，以邓小平同志为主要代表的中国共产党人，总结新中国成立以来正反两方面的经验，解放思想，实事求是，实现全党工作重心向经济建设的转移，实行改革开放，开辟了社会主义事业发展的新时期,逐步形成了建设中国特色社会主义的路线、方针、政策,阐明了在中国建设社会主义、巩固和发展社会主义的基本问题,创立了邓小平理论。邓小平理论是马克思列宁主义的基本原理同当代中国实践和时代特征相结合的产物,是毛泽东思想在新的历史条件下的继承和发展,是马克思主义在中国发展的新阶段,是当代中国的马克思主义,是中国共产党集体智慧的结晶,引导着我国社会主义现代化事业不断前进。

(三)"三个代表"重要思想的形成

20世纪80年代末90年代初,国际上发生东欧剧变、苏联解体等重大事件,世界社会主义遭受严重挫折。究其原因,执政党自身建设没有搞好是其重要因素。而同一时期,国内也出现严重政治风波,我国社会主义事业面临巨大挑战。在此重大历史关头,进一步提高党的领导水平和执政水平、提高拒腐防变和抵御风险的能力,成为党必须解决好的两大历史性课题。以江泽民同志为主要代表的中国共产党人围绕"建设什么样的党、怎样建设党"这一重大问题进行不懈探索,创造性地提出了一系列观点,丰富和发展了党的理论和路线方针政策。

"三个代表"重要思想的提出经历了一个酝酿、形成到逐步深化的过程。1989年党的十三届四中全会提出了大力加强党的建设,坚决惩治腐败的要求。同年8月《中共中央关于加强党的建设的通知》发布。1991年7月,江泽民在庆祝中国共产党成立70周年大会上对"进一步加强中国共产党的建设"作了深刻论述。1992年,党的十四大系统论述了加强党的建设和解决党的领导问题。在此基础上,1994年党的十四届四中全会专门研究了新时期党的建设问题,通过的《中共中央关于加强党的建设几个重大问题的决定》,分析了党的建设面临的形势。1997年在党的十五大上,江泽民提出在实行改革开放和发展社会主义市场经济的条件下"建设一个什么样的党、怎样建设党"的重大问题,将新时代党的建设新的伟大工程的总目标,高度概括为"把党建设成为用邓小平理论武装起来、全心全意为人民服务、思想上政治上组织上完全巩固、能够经受住各种风险、始终走在时代前列、领导全国人民建设有中国特色社会主义的马克思主义政党"①。

1998年11月，中共中央发出《关于在县级以上党政领导班子、领导干部中深入开展以"讲学习、讲政治、讲正气"为主要内容的党性党风教育的意见》，决定在全党开展为期两年的"三讲"教育。2000年春节后不久，江泽民到广东参加并指导当地"三讲"教育活动。正是在广东考察期间，从全面总结党的历史经验和如何适应新形势新任务新要求出发，江泽民首次对"三个代表"进行了比较全面的阐述。他指出："总结我们党七十多年的历史，可以得出一个重要结论，这就是：我们党所以赢得人民的拥护，是因为我们党在革命、建设、改革的各个历史时期，总是代表着中国先进生产力的发展要求，代表着中国先进文化的前进方向，代表着中国最广大人民的根本利益……在新的历史条件下，我们党如何更好地做到这'三个代表'，是一个需要全党同志特别是党的高级干部深刻思考的重大课题。"②此后至2000年底，是"三个代表"重要思想不断发展完善的时期。

2001年7月1日，江泽民在庆祝中国共产党成立80周年大会上的讲话中全面阐述了"三个代表"重要思想的科学内涵和基本内容。2002年5月，江泽民在中共中央党校省部级干部进修班毕业典礼上深刻阐述了"三个代表"重要思想的内在联系，提出"贯彻'三个代表'重要思想，关键在坚持与时俱进，核心在坚持党的先进性，本质在坚持执政为民"③。这就深刻揭示了"三个代表"重要思想作为一个完整理论体系的内在逻辑关系。2002年11月，党的十六大全面阐述了"三个代表"重要思想形成的时代背景、历史地位、精神实质和指导意义，将"三个代表"重要思想同马克思列宁主义、毛泽东思想和邓小

---

① 《江泽民文选》（第二卷），人民出版社，2006年，第43页。
② 《江泽民文选》（第三卷），人民出版社，2006年，第2页。
③ 《江泽民文选》（第三卷），人民出版社，2006年，第537页。

平理论一道确立为党必须长期坚持的指导思想,并写入党章,实现了党的指导思想的又一次与时俱进。

党的十三届四中全会以来,以江泽民同志为主要代表的中国共产党人,在建设中国特色社会主义的实践中,加深了对什么是社会主义、怎样建设社会主义和建设什么样的党、怎样建设党的认识,积累了治党治国新的宝贵经验,形成了"三个代表"重要思想。"三个代表"重要思想是对马克思列宁主义、毛泽东思想、邓小平理论的继承和发展,反映了当代世界和中国的发展变化对党和国家工作的新要求,是加强和改进党的建设、推进我国社会主义自我完善和发展的强大理论武器,是中国共产党集体智慧的结晶,是党必须长期坚持的指导思想。

(四)科学发展观的形成

进入 21 世纪,世界多极化不可逆转,经济全球化深入发展,世界各国相互依存逐步加深,国际力量对比朝着有利于维护世界和平的方向发展。但同时国际环境中不稳定不确定因素增多,一些国家在发展中遇到了各种各样的问题。特别是 2008 年国际金融危机的爆发,充分暴露了世界经济增长模式的弊端,这也使我国发展面临的外部环境和内部条件都发生了很大变化,转变经济发展方式问题更加凸显出来。以胡锦涛同志为主要代表的中国共产党人,在深刻把握我国基本国情和经济社会发展新的阶段性特征的基础上,在应对和战胜各种突如其来的严重困难和挑战的过程中,继续回答了什么是社会主义、怎样建设社会主义和建设什么样的党、怎样建设党的问题,创造性地回答了"实现什么样的发展、怎样发展"这一重大问题,为我国保持经济社会发展良好势头提供了有力思想武器。

科学发展观在抗击非典疫情和探索完善社会主义市场经济体制的过程中逐步形成。2003 年初非典疫情的迅速蔓延,集中暴露出我国经济社会发展中存在的薄弱环节和突出问题。2003 年 7 月胡锦涛在全面总结抗击非典斗争经验时明确指出:"我们要更好坚持全面发展、协调发展、可持续发展的发展观,更加自觉地坚持推动社会主义物质文明、政治文明、精神文明协调发展,坚持在经济社会发展的基础上促进人的全面发展,坚持促进人与自然的和谐。"①2003年10月党的十六届三中全会通过的《中共中央关于完善社会主义市场经济体制若干问题的决定》指出:"坚持以人为本,树立全面、协调、可持续的发展观,促进经济社会和人的全面发展。"②2004年3月,胡锦涛在中央人口资源环境座谈会上发表重要讲话,深刻阐明了科学发展观提出的背景、意义,明确界定了"以人为本""全面发展""协调发展""可持续发展"的深刻内涵和基本要求,并对如何树立和落实科学发展观提出了明确的要求,这标志着科学发展观的形成。

科学发展观在全面建设小康社会的历史进程中不断充实丰富。进入新世纪新阶段,我国宏观经济环境越绷越紧,经济运行的矛盾越来越尖锐。为避免国民经济陷入大起大落困境,2004年初中央及时作出加强宏观调控的重大决策。胡锦涛强调:"这次加强和改善宏观调控是贯彻落实以人为本、全面协调可持续的科学发展观的重大实践。"③他高度重视总结这次加强和改善宏观调控的新经验,并结合这些新经验及时阐发对科学发展观的新认识。2006年3月,十届全国人大四次会议通过的《中华人民共和国国民经济和社会发展第十一个五年规划纲要》指出,"十一五"时期促进国民经济持续快速协调健康发展和社会全面进步,要以邓小平理论和"三个代表"重要思想为指导,以科学发展观统领经济社会发展全局。2007年党的十七大对科学发展观的理论定位、理论依据、理论内涵作了全面阐述,并把科学发展观写入党章,推动科学发展观进一步走向成熟。

党的十七大后,来自国内外各方面的挑战接连不断,其中对我国经济社

① 《胡锦涛文选》(第二卷),人民出版社,2016年,第67页。
② 《十六大以来重要文献选编》(上),中央文献出版社,2005年,第465页。
③ 《十六大以来重要文献选编》(中),中央文献出版社,2006年,第453页。

会发展冲击最猛烈、持续时间最长、影响最深远的,是2008年爆发于美国的国际金融危机。这些困难和挑战既考验着党领导科学发展的能力,也推动着科学发展观理论不断发展完善。

党的十六大以来,以胡锦涛同志为主要代表的中国共产党人,坚持以邓小平理论和"三个代表"重要思想为指导,根据新的发展要求,深刻认识和回答了新形势下实现什么样的发展、怎样发展等重大问题,形成了以人为本、全面协调可持续发展的科学发展观。科学发展观是同马克思列宁主义、毛泽东思想、邓小平理论、"三个代表"重要思想既一脉相承又与时俱进的科学理论,是马克思主义关于发展的世界观和方法论的集中体现,是马克思主义中国化重大成果,是中国共产党集体智慧的结晶,是发展中国特色社会主义必须长期坚持的指导思想。

(五)习近平新时代中国特色社会主义思想的创立

党的十八大以来,中国特色社会主义进入新时代。中国特色社会主义新时代是承前启后、继往开来、在新的历史条件下继续夺取中国特色社会主义伟大胜利的时代,是决胜全面建成小康社会进而全面建成社会主义现代化强国的时代,是全国各族人民团结奋斗、不断创造美好生活、逐步实现全体人民共同富裕的时代,是全体中华儿女勠力同心、奋力实现中华民族伟大复兴的中国梦的时代,是我国不断为人类作出更大贡献的时代。中国特色社会主义新时代是我国发展新的历史方位。党面临的主要任务是,实现第一个百年奋斗目标,开启实现第二个百年奋斗目标新征程,朝着实现中华民族伟大复兴的宏伟目标继续前进。

国内外形势新变化和实践新要求迫切需要我们从理论和实践的结合上深入回答关系党和国家事业发展、党治国理政的一系列重大时代课题。以习近平同志为主要代表的中国共产党人,坚持把马克思主义基本原理同中国具体实际相结合、同中华优秀传统文化相结合,坚持毛泽东思想、邓小平理论、"三个代表"重要思想、科学发展观，深刻总结并充分运用党成立以来的历史经验，以全新的视野深化对共产党执政规律、社会主义建设规律、人类社会发展规律的认识，科学回答了新时代坚持和发展什么样的中国特色社会主义、怎样坚持和发展中国特色社会主义，建设什么样的社会主义现代化强国、怎样建设社会主义现代化强国，建设什么样的长期执政的马克思主义政党、怎样建设长期执政的马克思主义政党等重大时代课题，提出一系列原创性的治国理政新理念新思想新战略，创立了习近平新时代中国特色社会主义思想，为推动党和国家事业取得历史性成就、发生历史性变革提供了科学理论指导。党的十九大、十九届六中全会提出的"十个明确""十四个坚持""十三个方面成就"概括了这一思想的科学内涵和主要内容。

习近平是习近平新时代中国特色社会主义思想的主要创立者。在领导全党全国各族人民坚持和发展中国特色社会主义的伟大实践中，习近平以马克思主义政治家、思想家、战略家的历史主动精神、非凡理论勇气、卓越政治智慧、强烈使命担当，对关系新时代党和国家事业发展的一系列重大理论和实践问题进行深邃思考和科学判断，提出一系列原创性的新理念新思想新战略，为习近平新时代中国特色社会主义思想的创立和发展发挥了决定性作用、作出了决定性贡献。

习近平新时代中国特色社会主义思想是对马克思列宁主义、毛泽东思想、邓小平理论、"三个代表"重要思想、科学发展观的继承和发展，是马克思主义中国化时代化最新成果，是当代中国马克思主义、二十一世纪马克思主义，是中华文化和中国精神的时代精华，是党和人民实践经验和集体智慧的结晶，是中国特色社会主义理论体系的重要组成部分，是全党全国人民为实现中华民族伟大复兴而奋斗的行动指南，必须长期坚持并不断发展。在习近平新时代中国特色社会主义思想指导下，中国共产党领导全国各族人民，统揽伟大斗争、伟大工程、伟大事业、伟大梦想，推动中国特色社会主义进入了新时代，实现第一个百年奋斗目标，开启了实现第二个百年奋斗目标新征程。

　　新时代新征程上,我们必须坚持把马克思主义基本原理同中国具体实际相结合、同中华优秀传统文化相结合,坚持运用辩证唯物主义和历史唯物主义,不断回答中国之问、世界之问、人民之问、时代之问,不断谱写马克思主义中国化时代化新篇章,开辟马克思主义中国化时代化新境界,切实肩负起当代中国共产党人的庄严历史责任,首先要把握好习近平新时代中国特色社会主义思想的世界观和方法论,坚持好、运用好贯穿其中的立场观点方法,为全面建设社会主义现代化国家、全面推进中华民族伟大复兴而团结奋斗。

第三章

推进马克思主义中国化时代化
是一个追求真理、揭示真理、笃行真理的过程

推进马克思主义中国化时代化，为党的事业取得胜利提供科学指导，是贯穿党的奋斗历程的一条主线。中国化时代化马克思主义之所以行，根本在于坚持实践原则、遵循真理规律，不断推进实践基础上的理论创新，以科学的真理性认识指导发展的创造性实践。习近平在党的二十大报告中指出："推进马克思主义中国化时代化是一个追求真理、揭示真理、笃行真理的过程。"①探讨推进马克思主义中国化时代化过程蕴含的真理规律，是不断谱写马克思主义中国化时代化新篇章的理论支持。

一、追求真理、揭示真理、笃行真理
是马克思主义的本质要求

真理是一个科学范畴，也具有价值属性。哲学社会科学领域的真理，是一个具有意识形态属性的范畴。马克思主义是揭示人类社会发展规律的科

---

① 《习近平著作选读》(第一卷)，人民出版社，2023年，第14页。

学真理,是人类思想史上最具真理性的哲学社会科学理论。马克思主义在追求真理、揭示真理、笃行真理的过程中创立和发展,在这一过程中使自身成为真理。

(一)真理在追求、揭示、笃行的过程中形成发展

真理是符合客观实际、揭示事物规律、经过实践检验的认识。真理不是先验的存在,不是一次性的定论,真理是过程,是在认识与实践的转化过程中,在感性认识与理性认识的梯次上升过程中,在真理性认识永无止境的完善深化过程中,形成和发展起来的。追求真理、揭示真理、笃行真理,描述了真理形成过程的目的、关键、价值,构成了真理形成过程的出发点、着力点、落脚点。

1.追求真理是以科学的方式把握世界的认识要求

人在与世界的关系中具有主体性力量,能够以多种方式把握世界,并且在把握世界的过程中求真、求善、求美,求真就是追求真理。真理与科学密不可分,真理以科学为基石,凡属真理必然具有科学性;科学以真理为标识,凡属科学必然具有真理性。追求真理的过程就是科学发展的过程,科学发展的过程伴随着真理的发现。以科学的方式把握世界,就是要客观地反映世界,准确地揭示事物运动的内在联系及其规律,为人类认识世界、改造世界的活动提供正确遵循。

2.揭示真理是使认识活动及其成果成为科学的深入探索

真理反映事物的本质及其联系,不会自动呈现出来,必须通过科学的认识过程,由此及彼、由表及里,去粗取精、去伪存真,才能得出真理性的认识,揭示真理就是这一认识过程。揭示真理就是透过现象看本质,不为虚假的现象所迷惑,建立现象和本质之间的真实联系;就是在事物纷繁复杂的多种联系中,不为枝节的因素所误导,把握事物之间的决定性关系;就是在运动变化的对象中,不为暂时的状态所局限,看到合乎规律的趋势和结果。

3.笃行真理是科学理论运用于实践并检验和发展真理的重要环节

追求和揭示真理是为了指导实践,以科学理论指导实践使得人的活动符合规律、提高效率、少犯错误。真理在实践中彰显其力量、证明其价值。笃行真理就是扎扎实实、始终不渝地践行真理。笃行真理还不是认识的终点、真理的顶点,而是使得真理过程进入了新的循环。笃行真理既是遵循真理,也是检验真理,在实践中证明认识的真与伪,发现认识需要完善深化之处,推动真理进入更高的阶段。实践无止境,认识也无止境,真理永远在路上。

(二)马克思主义的生命力在于真理性

马克思主义创造性地揭示了人类社会发展规律,照亮了人类探索历史规律和寻求自身解放的道路,是时代精神的精华又是整个人类精神的精华。马克思主义创立一百七十多年来,始终保持着强大的生命力,是透视社会历史发展"伟大的认识工具",根本在于自身的真理性质。

1.马克思主义的真理性来自先进阶级的属性

马克思主义产生于资本主义时代,在资本主义社会的社会基本矛盾中,在工人阶级和资产阶级的斗争中,马克思主义是代表生产力发展要求的工人阶级和广大人民的理论表达。在马克思主义产生之前,社会上占统治地位的理论都是为统治阶级服务的。统治阶级的自私和狭隘,决定了不可能真正地追求真理、遵循真理。马克思主义基于社会基本矛盾的运动规律,基于工人阶级的先进性质和广大人民的进步要求,坚定地站在代表历史发展方向的先进阶级一边,以无私无畏的精神追求真理,孕育了思想理论的真理性。习近平指出:"马克思主义之所以具有跨越国度、跨越时代的影响力,就是因为它植根人民之中,指明了依靠人民推动历史前进的人间正道。"[①]

———————————

① 习近平:《在纪念马克思诞辰200周年大会上的讲话》,《人民日报》,2018年5月5日。

2.马克思主义的真理性来自实现人类解放的历史规律

马克思、恩格斯的一生,是为人类解放的崇高理想而不懈奋斗的一生。习近平指出:"马克思主义第一次站在人民的立场探求人类自由解放的道路,以科学的理论为最终建立一个没有压迫、没有剥削、人人平等、人人自由的理想社会指明了方向。"①马克思主义指明的理想社会,成为共产党人和广大人民的社会理想。这一社会理想之所以成为坚定信仰,是由于符合历史规律的信仰,是以真理力量为支撑的信仰。马克思主义的真理性就在于它是价值性与规律性的统一。

3.马克思主义的真理性来自探索求真的科学精神

马克思主义的真理性不是凭空得来的,不是轻而易举获得的,而是马克思主义创始人不畏艰难险阻、为追求真理而勇攀思想高峰得来的,是长年累月辛勤探索,努力从人类创造的一切文明成果中汲取养料获得的。马克思的科学研究,就像列宁所说的那样,"凡是人类社会所创造的一切,他都有批判地重新加以探讨,任何一点也没有忽略过去。凡是人类思想所建树的一切,他都放在工人运动中检验过,重新加以探讨,加以批判,从而得出了那些被资产阶级狭隘性所限制或被资产阶级偏见束缚住的人所不能得出的结论"②。马克思主义的真理性还在于以科学的态度对待科学,马克思、恩格斯反对"终极真理论",不允许把他们的理论当成教条,而必须随着实践的变化而发展。正因如此,马克思主义的创立不是封闭了通向真理的道路,而是打开了马克思主义的后继者们不断根据时代、实践、认识发展而发展真理的大门。

---

① 习近平:《在纪念马克思诞辰 200 周年大会上的讲话》,《人民日报》,2018 年 5 月 5 日。
② 《列宁选集》(第四卷),人民出版社,2012 年,第 284~285 页。

（三）马克思、恩格斯毕生为追求真理、揭示真理、笃行真理而奋斗

真理是人的认识活动的产物，不能脱离人而产生和存在。真理的品格反映了人的品格，是人的品格的理论化。马克思主义的真理性，是马克思、恩格斯真理人生的映照，马克思、恩格斯追求真理、揭示真理、笃行真理的认识和实践活动，使马克思主义成为真理。

1.马克思、恩格斯为追求真理而奉献一生

马克思、恩格斯从青年时代起，就开始了探索人类社会发展奥秘的追求真理的道路。马克思所选择的"最能为人类而工作的职业"，就是以理论的方式揭示真理而为人类幸福工作。从马克思、恩格斯合作撰写的《德意志意识形态》《共产党宣言》，到马克思最厚重、最丰富的著作《资本论》、恩格斯的《反杜林论》等，他们的一生都献给了为工人阶级和全人类解放提供理论武器的事业。马克思即使在多病的晚年，仍然不断迈向新的科学领域和目标，写下了数量庞大的历史学、人类学、数学等学科笔记。恩格斯的晚年，撰写了《路德维希·费尔巴哈和德国古典哲学的终结》、历史唯物主义书信等，对历史唯物主义作了详细的阐述。

2.马克思、恩格斯为揭示真理而探索一生

马克思、恩格斯在19世纪40年代完成了从唯心主义到唯物主义、从革命民主主义到共产主义的转变后，创建了唯物史观，揭示了人类社会发展的一般规律；发现了剩余价值规律，揭示了资本主义运行的特殊规律。唯物史观和剩余价值学说的创建，为科学社会主义奠定了坚实的理论根据，社会主义从空想到科学。马克思用40年的时间写作《资本论》，通过系统研究政治经济学，揭示资本主义的本质和规律，留下了一部"工人阶级的圣经"。恩格斯为了阐述唯物主义的自然观，在19世纪70年代后，用了8年时间在数学和自然科学方面来一个彻底的"脱毛"，写出了《自然辩证法》，将马克思主义哲

学建立在近代以来科学进步的基础上。马克思、恩格斯创立的科学理论体系，为人类指明了从必然王国向自由王国飞跃的途径，为人民指明了实现自由和解放的道路。

3.马克思、恩格斯为笃行真理而奋斗一生

马克思、恩格斯既是伟大的思想家，又是伟大的革命家，是革命实践和理论探索的完美结合。他们的一生，是为推翻旧世界、建立新世界而不息战斗的一生，他们的毕生使命就是为人民解放而奋斗，坚韧不拔、卓有成效地进行革命斗争。马克思、恩格斯为了改变人民受剥削、受压迫的命运，义无反顾投身轰轰烈烈的工人运动，始终站在革命斗争最前沿。他们领导创建了共产主义者同盟，这是世界上第一个无产阶级政党；领导了国际工人协会，这是世界上第一个国际工人组织；热情支持巴黎公社革命，这是世界上第一次工人阶级夺取政权的革命。马克思、恩格斯既在理论上为工人阶级指明方向，又在实践中满腔热情、百折不挠推动各国工人运动发展。

二、推进马克思主义
中国化时代化蕴含的真理规律

马克思主义发展史是一代代马克思主义者坚持和发展马克思主义真理的历史。中国共产党成立一百多年来，始终不渝坚持和发展马克思主义，集中体现在不断推进马克思主义中国化时代化，在这一进程中继续追求真理、揭示真理、笃行真理，从而创立和形成了中国化时代化的马克思主义，为实现中华民族伟大复兴提供了科学指导。

（一）马克思主义中国化时代化是在普遍性和特殊性的统一中追求真理、揭示真理、笃行真理

中国的先进知识分子接受马克思主义，以马克思主义为指导思想，成立中国共产党，有着鲜明和强烈的实践目的，这就是在中国建立社会主义社会，走社会主义道路建设现代化国家，实现中华民族伟大复兴。普遍性来自特殊性，从具体到一般，又要回到特殊性中，从一般到特殊。马克思主义是具有普遍性的真理，但必须同中国具体实际相结合，得出普遍性同特殊性相统一的理论认识，才能真正发挥和显示真理的力量。在党成立后的一段时间里，党内一些人不懂得普遍性和特殊性关系的道理，把马克思主义当成包治百病的灵丹妙药，以为直接拿来照搬照套就万事大吉了，不下功夫了解和研究中国国情，不懂得中国和西欧乃至俄国的不同，导致教条主义盛行，表现出"幼稚者的蒙昧"。以毛泽东同志为主要代表的中国共产党人，坚持把马克思主义基本原理同中国具体实际相结合、同中华优秀传统文化相结合，开始了推进马克思主义中国化时代化的历史进程。

1.推进马克思主义中国化时代化，实质上就是要实现普遍性和特殊性的统一

理论具有普遍性，实践则是特殊的。马克思主义中国化，就是要把马克思主义的普遍真理同中国的特殊国情结合起来，探讨符合中国具体实际的革命、建设、改革的道路，在理论和实际相结合的过程中实现普遍性和特殊性的统一。马克思主义只有中国化，才能扎根本土，从抽象到具体。中国是历史中的中国、时代中的中国，时代是一个历史时段的存在，特殊性不仅包括空间的特殊性，而且包括与空间紧密相连的时间的特殊性，因此马克思主义中国化内含着马克思主义时代化，推进马克思主义中国化必然要求推进马克思主义时代化。推进马克思主义时代化，是普遍性和特殊性相统一的一种表现形式，要求理论和实践的结合注重实践的运动发展，在变化着的实

践中运用理论,把握时代脉搏,体现时代特征。

2.真理是在一定条件下的认识结果,是绝对性和相对性的统一,没有超越一切时空、永恒不变的真理

世界在变化,人们对世界的认识也在发展。因此,只有坚持普遍性和特殊性的统一,推动真理性认识与世俱进、与时俱进,才能保证真理性认识不会变成封闭僵化的认识。坚持普遍性和特殊性的统一,是真理发展的途径和规律。追求真理、揭示真理、笃行真理,贯穿着普遍性和特殊性相统一的基本线索。追求真理,就是要从实际出发,从问题出发,以正在做的事情为中心,形成科学理论,在真理性规律性认识中实现普遍性和特殊性的统一。揭示真理,就是要像马克思在创作《资本论》时那样,在对当时资本主义最发达的英国的解剖当中,揭示资本主义生产方式的一般规律,在从特殊到普遍的上升转化中实现普遍性和特殊性的统一。笃行真理,就是要实现从回答问题的理论认识到解决问题的实践应用的转化,理论的目的在于应用,理论的价值在于实践,在践行真理中实现普遍性和特殊性的统一。

(二)推进马克思主义中国化时代化要求以科学的态度对待科学、以真理的精神追求真理

在推进马克思主义中国化时代化的进程中追求真理、揭示真理、笃行真理,一个基本要求就是以科学的态度对待科学、以真理的精神追求真理,这反映了马克思主义的真谛。马克思主义是科学,这种科学性的重要体现就是对待自身的科学态度,不是把自身当成教条,而是在坚持真理、修正错误中成为科学。马克思主义是真理,这种真理性的重要体现就是对待自身的真理精神,不是封闭发展真理的道路,而是以开放的态度发展自身,从不停留在某个认识水平和阶段上而止步不前。推进马克思主义中国化时代化,之所以要求以科学的态度对待科学、以真理的精神追求真理,是由于党在各个历史时期担负的使命任务反映了中国发展进步的方向,代表了中国人民

的根本利益,使命任务的正义性崇高性,决定了党必须坚持科学立场、坚守科学态度,凡是与科学和真理不相符合的思想认识,都在摒弃之列,从而保证马克思主义中国化时代化的理论成果,始终成为科学,不断揭示真理。党的历史上的几次思想解放,都是为了党的事业顺利发展,坚决破除在思想理论上不科学的态度、违背真理精神的认识,在什么是马克思主义、怎样对待马克思主义,什么是社会主义、怎样建设社会主义的问题上,获得了科学性、真理性的认识。

在推进马克思主义中国化时代化进程中坚持以科学的态度对待科学、以真理的精神追求真理,集中体现在党的思想路线中,概括的表述就是解放思想、实事求是、与时俱进、求真务实。确立党的思想路线,使得党在理论和实践的关系上,确立了实践的标准和权威,由此确立了马克思主义中国化时代化的哲学根据。解放思想,就是树立马克思主义的科学态度和真理精神,从不符合实践标准、落后于实践的思想观念中解放出来。实事求是,就是尊重客观实际,一切从实际出发,把实践作为检验真理的唯一标准。与时俱进,就是紧跟时代潮流,走在时代前列,不断开辟马克思主义中国化时代化新境界,不断谱写中国化时代化马克思主义新篇章。求真务实,就是不图虚名、不尚空谈,注重效率、讲求实效,反对形式主义,把实践效果作为评价理论创新的重要尺度。

新时代以科学的态度对待科学、以真理的精神追求真理,集中体现在习近平新时代中国特色社会主义思想的"六个必须坚持"中。"六个必须坚持"凝结着新时代推进马克思主义中国化时代化的宝贵经验,是习近平新时代中国特色社会主义思想科学性真理性的根本保证。

(三)中国化时代化马克思主义理论成果的真理品格

毛泽东思想是马克思列宁主义在中国的创造性运用和发展,是在始终坚持用马克思主义基本原理解决中国的实际问题过程中创立和发展的,是被实践证明了的关于中国革命和建设的正确的理论原则和经验总结。毛泽东思想活的灵魂,体现为实事求是、群众路线、独立自主三个基本方面,蕴含着在探求真理中的客观态度、群众立场、自主精神。毛泽东指出:"'实事'就是客观存在着的一切事物,'是'就是客观事物的内部联系,即规律性,'求'就是我们去研究。"①这段话精辟地阐释了毛泽东思想坚持实事求是的真理精神。

邓小平理论坚持解放思想、实事求是,深刻总结新中国成立以来正反两方面经验,借鉴世界社会主义历史经验,围绕什么是社会主义、怎样建设社会主义这一根本问题,深刻揭示社会主义本质,确立社会主义初级阶段基本路线,明确提出走自己的路、建设中国特色社会主义,科学回答了建设中国特色社会主义的一系列基本问题。成功开创中国特色社会主义,是党在新时期勇于坚持真理、修正错误的重大抉择。

"三个代表"重要思想,坚持党的基本理论、基本路线,加深了对什么是社会主义、怎样建设社会主义和建设什么样的党、怎样建设党的认识,在国内外形势十分复杂、世界社会主义出现严重曲折的严峻考验面前捍卫了中国特色社会主义,确立了社会主义市场经济体制的改革目标和基本框架,确立了社会主义初级阶段的基本经济制度和分配制度。成功把中国特色社会主义推向21世纪,是党在世纪之交坚持马克思主义和社会主义理想信念的重大实践。

科学发展观深刻认识和回答了新形势下实现什么样的发展、怎样发展等重大问题,强调坚持以人为本、全面协调可持续发展,着力保障和改善民生,促进社会公平正义,推进党的执政能力建设和先进性建设。成功在新形势下坚持和发展中国特色社会主义,是党在新世纪新阶段以科学发展为主题、加快转变经济发展方式的创新实践。

---

① 《毛泽东选集》(第三卷),人民出版社,1991年,第801页。

习近平新时代中国特色社会主义思想,从新的实际出发,坚持把马克思主义基本原理同中国具体实际相结合、同中华优秀传统文化相结合,坚持毛泽东思想、邓小平理论、"三个代表"重要思想、科学发展观,深刻总结并充分运用党成立以来的历史经验,对关系新时代党和国家事业发展的一系列重大理论和实践问题进行了深邃思考和科学判断,是党对中国特色社会主义建设规律认识深化和理论创新的重大成果。开创中国特色社会主义新时代,是实现马克思主义中国化时代化新的飞跃的实践基础和历史证明。

三、"两个结合"是保证中国化时代化马克思主义真理性的根本途径

在推进马克思主义中国化时代化的进程中,怎样才能追求真理、揭示真理、笃行真理? 坚持和发展马克思主义,必须同中国具体实际相结合,必须同中华优秀传统文化相结合,这"两个结合"是推进马克思主义中国化时代化的根本途径,同样也是党追求、揭示、笃行真理的根本途径。"两个结合"打开了推进理论创新、认识和发展真理的广阔空间。

(一)"两个结合"是推进马克思主义中国化时代化的根本途径

党的二十大后,习近平在河南安阳考察时强调:"中华优秀传统文化是我们党创新理论的'根',我们推进马克思主义中国化时代化的根本途径是'两个结合'。"要"更深地学习理解中华文明,古为今用,为更好建设中华民族现代文明提供借鉴"①。推进马克思主义中国化时代化,必然要求马克思主义同中国具体实际相结合。马克思主义中国化,就是要形成马克思主义

---

① 《习近平在陕西延安和河南安阳考察时强调 全面推进乡村振兴 为实现农业农村现代化而不懈奋斗》,《人民日报》,2022年10月29日。

基本原理同中国历史、中国国情、中国实际的融合点、转化点,成为具体的、现实的、管用的马克思主义;就是要把握马克思主义基本原理体现时代特征包括中国所处的时代坐标的关联点、发展点,成为始终充满生机活力、不断丰富创新的马克思主义,使得中国共产党人的创造性实践成为坚持和发展马克思主义的丰厚土壤。

1.推进马克思主义中国化时代化,必然要求马克思主义同中华优秀传统文化相结合

习近平指出:"马克思主义中国化时代化这个重大命题本身就决定,我们决不能抛弃马克思主义这个魂脉,决不能抛弃中华优秀传统文化这个根脉。"要"以马克思主义为指导对中华五千多年文明宝库进行全面挖掘,用马克思主义激活中华优秀传统文化中富有生命力的优秀因子并赋予新的时代内涵,将中华民族的伟大精神和丰富智慧更深层次地注入马克思主义,有效把马克思主义思想精髓同中华优秀传统文化精华贯通起来,聚变为新的理论优势,不断攀登新的思想高峰"①。这就告诉我们,"第二个结合"既是中华优秀传统文化注入马克思主义,使得马克思主义更加广泛地吸收全人类文明成果的过程,也是马克思主义赋予中华优秀传统文化新的时代精神,使得中华优秀传统文化长盛不衰的过程。

2.推进马克思主义中国化时代化贯穿党的整个历史进程,而坚持"两个结合"则与推进马克思主义中国化时代化同行同程

可以说,坚持"两个结合"是推进马克思主义中国化时代化的内在要求,创立和形成中国化时代化的马克思主义则是坚持"两个结合"的必然结果。习近平明确提出"第二个结合"从而构成了"两个结合"的重大原则,表明了党在坚持"第二个结合"上达到了高度的认识自觉和理论自觉,必将促使新时代坚持"两个结合"、推进马克思主义中国化时代化达到新的时代高度和

---

① 《不断深化对党的理论创新的规律性认识 在新时代新征程上取得更为丰硕的理论创新成果》,《人民日报》,2023年7月2日。

历史深度。明确提出"两个结合",是对党不断推进马克思主义中国化时代化历史经验的科学总结,是党在历史上正确认识和对待中华优秀传统文化的立场、观点、方法的思想深化,建立在充分认识文化作为国家和民族发展最基本、最深沉、最持久力量的基础上,是对包括社会主义先进文化、革命文化、中华优秀传统文化的中国特色社会主义文化自信的理论要求,为马克思主义在21世纪中国的创新发展厚植了牢固和深层的根脉,提供了博大精深、生生不息的源泉。

(二)马克思主义中国化时代化在"两个结合"中追求真理、揭示真理、笃行真理

1.坚持把马克思主义基本原理同中国具体实际相结合,开辟了中国共产党人在革命、建设、改革事业中认识和践行真理的道路

"第一个结合"不仅是为了探索适合本国国情的中国道路,实现从普遍性向特殊性的转化,推进马克思主义本土化,而且是为了在这一探索过程中,把中国共产党的理论创新融入马克思主义基本理论之中,实现从特殊性向普遍性的转化,继续丰富发展马克思主义真理,作出中国共产党的独特贡献,谱写马克思主义发展的新篇章。新民主主义革命时期,党正确认识到中国革命道路不同于俄国十月革命道路,开辟了农村包围城市、武装夺取政权的正确革命道路,创新发展了马克思主义关于无产阶级革命道路的理论。社会主义革命和建设时期,党把马克思列宁主义基本原理同中国具体实际进行"第二次结合",提出社会主义社会是一个很长的历史阶段,严格区分和正确处理敌我矛盾和人民内部矛盾,正确处理我国社会主义建设的十大关系等一系列重要思想,创新发展了马克思主义关于社会主义建设的理论。

改革开放和社会主义现代化建设新时期,党从新的实践和时代特征出发坚持和发展马克思主义,科学回答了建设中国特色社会主义的发展道路、发展阶段、根本任务、发展动力、发展战略、政治保证、祖国统一、外交和国际

战略、领导力量和依靠力量等一系列基本问题，以中国特色社会主义的理论创新和实践创新，创新发展了科学社会主义的理论和实践。中国特色社会主义进入新时代，面对国内外形势新变化和实践新要求，迫切需要党从理论和实践的结合上深入回答关系党和国家事业发展、党治国理政的一系列重大时代课题，以全新的视野深化对"三大规律"认识，取得重大理论创新成果，习近平新时代中国特色社会主义思想是当代中国马克思主义、21世纪马克思主义。

2.坚持把马克思主义基本原理同中华优秀传统文化相结合，开辟了中国共产党人在运用本民族文化资源中丰富和发展真理的道路

马克思主义中国化本土化，内在地要求同中华优秀传统文化相结合，用中华文化特有的思想观念、价值理念、哲学智慧、知行方式、语言范畴等，表达马克思主义的真谛。"第二个结合"首先要回答要不要结合的问题。党认识到，坚持"第一个结合"必然要求"第二个结合"，只有"第二个结合"才能将"第一个结合"贯彻到底。"第二个结合"要回答能不能结合的问题。习近平指出："'结合'的前提是彼此契合。'结合'不是硬凑在一起的。马克思主义和中华优秀传统文化来源不同，但彼此存在高度的契合性。"①具有契合性才可能实现结合。"第二个结合"还要回答结合的结果是什么的问题。结合既是以真理之光激活了中华文明的基因，推动了中华文明的生命更新和现代转型，又是推动马克思主义不断实现中国化时代化的新飞跃，显示出日益鲜明的中国风格与中国气派。中国共产党在坚持"第二个结合"过程中追求真理、揭示真理、笃行真理，丰富发展马克思主义，既是依据党的创新实践和宝贵经验，又是运用中华文明的独特优秀文化资源，将中国历史的思想财富融入党的理论创新成果之中，注入马克思主义发展新的文化生命体中。

---

①　习近平：《在文化传承发展座谈会上的讲话》，《求是》，2023年第17期。

（三）"第二个结合"为追求真理、揭示真理、笃行真理开启了广阔的理论和实践创新空间

1."第二个结合"是又一次的思想解放，开阔了理论创新的文化空间

追求真理需要解放思想，党推进马克思主义中国化时代化，就是不断解放思想的过程。新时代理论创新，一个重要目的，就是要从对待中华传统文化的历史虚无主义和文化虚无主义中解放出来，在探索真理的道路上开发中华民族的历史文化富矿资源。习近平指出："'第二个结合'是又一次的思想解放，让我们能在更广阔的文化空间中，充分运用中华优秀传统文化的宝贵资源，探索面向未来的理论和制度创新。"①中华传统文化，有精华也有糟粕，有的与以往的社会形态密不可分，有的是超越历史、具有永恒价值的。对待中华传统文化，不能像泼洗澡水那样，把婴儿连同脏水一块泼出去，而是要区分出优秀传统文化的内容，并在与马克思主义的结合中，在创造性转化、创新性发展中，历久弥新，保持强大的生命力，更加广泛和深入地融入新时代党的创新理论之中，融入党追求、揭示、笃行真理的进程中。

2."第二个结合"拓展了中国特色社会主义道路的文化根基，表明党对中国道路、理论、制度的认识达到了新高度

形成中国特色社会主义道路、理论、制度、文化，是改革开放以来党推进理论和实践创新、认识和发展真理最重要的成果。习近平指出："'第二个结合'让中国特色社会主义道路有了更加宏阔深远的历史纵深，拓展了中国特色社会主义道路的文化根基。"②开创中国特色社会主义，不仅是科学社会主义与中国具体实际具有高度契合性的结果，而且也是科学社会主义与中华优秀传统文化具有高度契合性的结果，这就使得科学社会主义在中华大地牢牢扎下根来。中华优秀传统文化赋予中国特色社会主义道路以中

---

① 习近平：《在文化传承发展座谈会上的讲话》，《求是》，2023年第17期。
② 习近平：《在文化传承发展座谈会上的讲话》，《求是》，2023年第17期。

华文明的基因,这一道路是从中华大地长出来的,不是照搬照抄其他国家的。中华优秀传统文化赋予中国特色社会主义理论以中华文化的底蕴,这一理论既是马克思主义的传承,也是中国思想文化的赓续。中华优秀传统文化赋予中国特色社会主义制度以中华制度文化的根脉,这一制度顺应向内凝聚、多元一体的中华民族发展大趋势,承继九州共贯、六合同风、四海一家的中国文化大一统传统。中华优秀传统文化赋予中国特色社会主义文化以中华文化久远的源泉,这一文化是革命文化的民族血脉,是社会主义先进文化的深厚根基。

3."第二个结合"展现出高度的文化自信,增强了创立习近平新时代中国特色社会主义思想的文化主体性

主体性是真理的动力,追求真理、揭示真理、笃行真理,是高度发扬认识和实践主体性的活动。坚持"第二个结合",本身就表明了党在坚持和发展什么样的文化、怎样发展文化上的文化主体性,表明了党在立足中国实际、扎根中华文化中开辟发展真理的道路上的文化主体性。党在追求、揭示、笃行真理中彰显了文化主体性,创立习近平新时代中国特色社会主义思想就是这一文化主体性最有力的体现。习近平新时代中国特色社会主义思想,坚持"第二个结合",自觉把中华优秀传统文化运用和贯穿于新时代理论创新过程中,努力探寻回答和解决新时代重大问题的正确答案,将中华优秀传统文化的宝贵资源有机融入科学理论体系之中,体现了传承历史、开创未来的文化主体性。

四、习近平新时代中国特色社会主义思想
在追求真理、揭示真理、笃行真理的
过程中创立和发展

习近平新时代中国特色社会主义思想，实现了马克思主义中国化时代化新的飞跃。追求真理、揭示真理、笃行真理，贯穿这一思想的创立和发展过程中，是这一思想成为当代中国马克思主义、21世纪马克思主义的根本原因。

（一）新时代理论创新就是继续追求真理、揭示真理、笃行真理

中国特色社会主义新时代，我国发展进入新的历史方位，经历着我国历史上最为广泛而深刻的社会变革，进行着人类历史上最为宏大而独特的实践创新。这是一个需要新思想并且能够产生新思想的时代，是一个呼唤理论创新并且能够作出理论创新的时代。无论是统筹中华民族伟大复兴战略全局和世界百年未有之大变局，还是从全面建成小康社会到全面建设社会主义现代化国家；无论是回答重大时代课题，还是回答中国之问、世界之问、人民之问、时代之问；无论是解决大党独有难题，还是有效应对预料到和未曾预料到的风险挑战等，都需要党作出科学回答，继续推进实践基础上的理论创新，继续开辟探索真理的道路。中国特色社会主义理论体系，是开创中国特色社会主义的真理性认识成果，但并没有穷尽对中国特色社会主义的真理性探索。中国特色社会主义是一个不断发展的事业，仍然需要在追求真理的道路上一路前行。

1.新时代追求、揭示、笃行真理,是在推进马克思主义中国化时代化进程中探索真理道路的继续,又具有新时代的特点要求

一是在追求真理中突出守正创新的要求,既要纠治过去一段时间党内政治生活和社会生活存在的一些严重问题,解决意识形态领域一度存在的混乱局面,又要坚定"四个自信",守住中国特色社会主义道路、理论、制度、文化的基和本;既要守好前人在坚持和发展中国特色社会主义这篇大文章上写下的重要篇章,又要写出新的篇章。二是在揭示真理中集中回答重大时代课题,理论创新是对时代声音的回应,新时代理论创新集中体现在回答坚持和发展中国特色社会主义、建设社会主义现代化强国、建设长期执政的马克思主义政党等重大时代课题上,围绕回答重大时代课题构成科学体系。三是在笃行真理中抓住牢记初心使命这个根本,新时代中国共产党之所以要笃行真理,是由于这是坚守初心使命的必然要求,坚守初心使命就必须"为真理而斗争"。

2.习近平新时代中国特色社会主义思想在追求真理、揭示真理、笃行真理中创立和发展

这一思想是在实现中华民族伟大复兴进入关键时期创立的,是理论创新的真理追求,紧紧围绕全面推进强国建设、民族复兴伟业的总目标,为实现中华民族伟大复兴的中国梦提供科学理论支持。这一思想是在实现第二个百年奋斗目标、全面建设社会主义现代化国家新征程中发展的,在最大发展中国家建成社会主义现代化国家,是世界现代化历史的伟大创举,前所未有,深入探索、准确揭示中国式现代化的规律,为科学社会主义的理论和实践提供了创新性成果。这一思想是在"两个结合"特别是"第二个结合"的途径中展开的,"两个结合"成为创立和发展新时代党的创新理论的认识自觉。由于"第二个结合"是又一次思想解放,因此这一思想也成为又一次思想解放的产物。

(二)习近平新时代中国特色社会主义思想蕴含的真理品格和真理力量

习近平新时代中国特色社会主义思想蕴含着丰富的真理品格，集中体现在"六个必须坚持"中。这一思想把坚持人民至上作为追求真理的价值立场，人民中心作为一条红线贯穿于理论创新的全过程，为中国人民谋幸福成为追求真理的不竭动力，人民认同是真理的实践标准的主体尺度。这一思想把坚持自信自立作为发展真理的内在品格，"四个自信"根源于对真理的自信，正因为符合真理才有"四个自信"，独立自主、走自己的路，是政治上的自立，也是思想上理论上的自立，是真理独立性品格的反映。这一思想把坚持守正创新作为推进真理的基本遵循，真理不是从天上掉下来的，而是在一代代人的持续探索中得来的，在守正中创新、在创新中守正，新时代党的创新理论是坚持和发展中国特色社会主义理论体系的产物，是在守正创新中实现新的飞跃。这一思想把坚持问题导向作为发现真理的主要路径，真理不是从概念出发推导出来的，而是存在于提出问题、解决问题的过程中，抓住真问题、破解难问题、解决大问题，这就开辟了通向真理的道路。这一思想把坚持系统观念作为探索真理的思维方法，真理是系统，是把握各方面关系、得出全面性认识的体系成果，因此认识真理的思维过程也是系统思维的过程，只有系统思维才能认识真理系统。这一思想把坚持胸怀天下作为感悟真理的世界之维，为人类谋进步、为世界谋大同，才能有谋人类进步之大道的孜孜追求，有谋世界大同之构想的宽阔胸怀，狭隘的眼界、利己的盘算，是很难接近真理的，胸怀天下是认识真理的必要条件。

习近平新时代中国特色社会主义思想蕴含着厚重的真理力量，主要体现为这一思想彰显的信仰的力量、担当的力量、创造的力量、实践的力量。习近平新时代中国特色社会主义思想，坚持中国特色社会主义自信，坚持人民至上，推进全面建成社会主义现代化强国，蕴含其中的是对马克思主义的坚定信仰,对共产主义理想的执着信念,由此在21世纪中国高举科学社会主义的旗帜。这一思想坚定不移地推进实现"两个一百年"奋斗目标,大力推进全面深化改革,勇于进行党的自我革命,突出反映了习近平对中华民族和中国人民的使命担当,凝结着他对历史和未来的高度负责。"我将无我,不负人民",正是对这一担当精神的凝练表达。

这一思想勇于进行理论创造,开辟马克思主义中国化时代化新境界,把创新作为第一动力,强调敢于说前人没有说过的新话,敢于干前人没有干过的事情,倡导培育和创造习近平新时代中国特色社会主义思想,在理论创新和实践创新的相互促进中开创中国特色社会主义新时代。这一思想坚持知行合一,旨在建成社会主义现代化强国,推进伟大变革,引领新时代中国迎来从站起来、富起来到强起来的伟大飞跃,中华民族进入不可逆转的历史进程。

(三)新征程上在追求真理、揭示真理、笃行真理中开辟马克思主义中国化时代化新境界

党的二十大开启全面建设社会主义现代化国家新征程,这也是开辟马克思主义中国化时代化新境界的新征程,是追求真理、揭示真理、笃行真理的新征程。从世界百年大变局加速演进的趋势看,当前,世界之变、时代之变、历史之变正以前所未有的方式展开,习近平在2022年6月的一次演讲中指出:"世界向何处去? 和平还是战争? 发展还是衰退? 开放还是封闭? 合作还是对抗? 是摆在我们面前的时代之问。"①世界向何处去是"三个之变"汇聚而成的世界性、历史性、时代性重大课题,关系到人类社会的前途命运。在这个总的时代之问下,四个具体的直接的时代之问,尖锐地提出了关系到世界向何处去的深刻矛盾和冲突。在这些重大时代之问面前,必须厘清这些矛盾冲突的深层原因及其内在联系,深入思考如何破解这些矛盾冲突,推

---

① 习近平:《把握时代潮流 缔造光明未来》,《人民日报》,2022年6月23日。

动人类实现美好未来的正确道路,提供构建人类命运共同体的可行路径和现实方案。

2023年12月29日,习近平在全国政协新年茶话会上的讲话中指出:"以中国式现代化全面推进强国建设、民族复兴伟业,是新时代新征程党和国家的中心任务,是新时代最大的政治。"①2024年4月30日,习近平在中共中央政治局会议上指出,当前和今后一个时期是以中国式现代化全面推进强国建设、民族复兴伟业的关键时期。在这一关键时期紧紧围绕"最大的政治",推进实现党的中心任务,要推进国家治理体系和治理能力现代化,更好适应我国社会主要矛盾变化,让现代化建设成果更多更公平惠及全体人民,推动党和国家事业行稳致远,在日趋激烈的国际竞争中赢得战略主动,建设更加坚强有力的马克思主义政党,等等,都需要深化理论思考,在回答这些关键时期的关键问题中得出真理性认识,为马克思主义中国化时代化提供新的认识成果。

党已经走过一百多年的奋斗历程,是世界上最大的马克思主义执政党,领导着有十四亿多人口的大国,已经长期执政七十多年,面对着大党独有难题。这个独有难题就是以"六个如何始终"为主要内容,建设什么样的长期执政的马克思主义政党、怎样建设长期执政的马克思主义政党的重大时代课题。马克思主义执政党能不能跳出治乱兴衰的历史周期率,毛泽东在延安时期、西柏坡时期、新中国成立后,都在思考这一课题,得出了人民监督的答案。进入新时代,党长期执政面对重大考验和危险,习近平深入思考党的自身建设重大课题,时刻保持解决大党独有难题的清醒和坚定,明确提出党的自我革命这个跳出历史周期率的第二个答案,是中国化时代化马克思主义党建思想的重大成果,是对马克思主义政党学说的重大发展,是马克思主义执政党建设在新时代的科学性真理性认识结晶。

---

① 习近平:《在全国政协新年茶话会上的讲话》,《人民日报》,2023年12月30日。

第四章

不断谱写马克思主义中国化时代化新篇章
是当代中国共产党人的庄严历史责任

马克思主义是我们立党立国、兴党兴国的根本指导思想,中国共产党是马克思主义的忠诚信奉者、坚定实践者,同时也是马克思主义理论创新发展的使命担当者。新时代深刻回答时代之问、引领时代之变,在推进新时代治国理政的实践中不断谱写马克思主义中国化时代化新篇章,使马克思主义在21世纪焕发出强大生机和活力,是当代中国共产党人的庄严历史责任。

一、谱写马克思主义中国化时代化新篇章
是为实现民族复兴提供科学指导的必然要求

不断谱写马克思主义中国化时代化新篇章,是党的二十大提出的重大任务,也是当代中国实现民族复兴生动实践的现实要求。习近平在党的二十大报告中庄严宣告:"从现在起,中国共产党的中心任务就是团结带领全国各族人民全面建成社会主义现代化强国、实现第二个百年奋斗目标,以中

国式现代化全面推进中华民族伟大复兴。"①这一宣告可谓旗帜鲜明、掷地有声。这表明中国共产党对未来发展目标执着坚定，对未来发展前途信心百倍。而不断谱写马克思主义中国化时代化新篇章将为中华民族伟大复兴提供科学指南，有力地指导亿万人民群众凝心聚力投身于中国特色社会主义伟大事业，实现伟大梦想。

（一）实现中华民族伟大复兴是贯穿中国共产党百余年奋斗史的主题

谋求民族复兴是近代以来中国发展的主题。习近平在庆祝中国共产党成立100周年大会上的重要讲话指出："一百年来，中国共产党团结带领中国人民进行的一切奋斗、一切牺牲、一切创造，归结起来就是一个主题：实现中华民族伟大复兴。"②在中国五千多年的文明史中，中华民族创造了灿烂的中华文明，长期走在世界前列，为人类文明发展进步作出了不可磨灭的卓越贡献。但近代以来，由于西方列强的入侵和清朝封建统治的腐败无能，中国逐渐成为半殖民地半封建社会，山河破碎、民不聊生，曾经创造了灿烂文明的中华民族遭受了前所未有的苦难。从那时起，实现中华民族伟大复兴，就成为中国人民和中华民族最伟大的梦想。

中国共产党是历史给出的"大考题"的真心实意的"答卷人"。鸦片战争以来，无数仁人志士为了救亡图存奋起抗争，但各种救国方案均以失败告终。此时，中国共产党应运而生，党一经成立，就义无反顾肩负起实现中华民族伟大复兴的历史使命，并在艰难探索中找到了适合中国国情的革命道路，最终团结带领中国人民完成了新民主主义革命，为实现中华民族伟大复兴创造了根本社会条件。百余年来，一代代中国共产党人不断践行初心、担

---

① 习近平：《高举中国特色社会主义伟大旗帜　为全面建设社会主义现代化国家而团结奋斗——在中国共产党第二十次全国代表大会上的报告》，人民出版社，2022年，第21页。
② 习近平：《在庆祝中国共产党成立100周年大会上的讲话》，《人民日报》，2021年7月2日。

当使命,在尚处弱小时从未屈服,在面对逆境时从未放弃,将滚烫炽热的赤子之心投入祖国建设事业,创造出人类现代化进程中的"中国奇迹",深刻改变了近代以后中华民族的屈辱历史和中国人民的前途命运,中华民族伟大复兴也因此进入了不可逆转的历史进程。

自觉勇担历史使命是贯穿百余年党史的主线。独特的国情和历史,注定了中国共产党也必须高度自觉地将实现中华民族伟大复兴作为各个时期的历史使命。为此党团结带领中国人民进行新民主主义革命,推翻了帝国主义、封建主义、官僚资本主义三座大山,实现了民族独立和人民解放,为民族复兴创造了根本社会条件;创造了社会主义革命和建设的伟大成就,确立了社会主义基本制度,为民族复兴奠定了根本政治前提和制度基础;进行改革开放和社会主义现代化建设,为民族复兴提供了充满新的活力的体制保证和快速发展的物质条件。进入新时代,以习近平同志为核心的党中央统筹推进"五位一体"总体布局,协调推进"四个全面"战略布局,实现全面建成小康社会目标,开启全面建设社会主义现代化国家新征程,中华民族伟大复兴进入了不可逆转的历史进程。正是由于始终坚守中华民族伟大复兴的初心和使命,中国共产党才能领导中国人民实现从站起来、富起来到强起来的伟大飞跃。

万山磅礴,必有主峰。回顾党的百余年奋斗史,党之所以能够在革命、建设、改革各个历史时期取得重大成就,能够领导人民完成中国其他政治力量不可能完成的艰巨任务,根本在于掌握了马克思主义科学理论,并不断结合新的实际推进理论创新,创立了毛泽东思想、邓小平理论,形成了"三个代表"重要思想、科学发展观,创立了习近平新时代中国特色社会主义思想等重大理论成果,始终坚持解放思想、实事求是、与时俱进、求真务实,使马克思主义在中国焕发出强大生命力,使党掌握了强大的真理力量。中国共产党为什么能,中国特色社会主义为什么好,归根到底是马克思主义行,是中国化时代化的马克思主义行,这是历史的结论。我们要不断深化对党的理论创新的规律性认识,在新时代新征程上取得更为丰硕的理论创新成果。

(二)结合新的实际推进理论创新是中国共产党走向成功的政治优势

新时代新征程推进强国建设、民族复兴伟业,必须保持和发扬马克思主义政党与时俱进的理论品格,勇于推进扎根在实践基础上的理论创新。中国共产党之所以能够领导广大人民完成中国其他各种政治力量不可能完成的艰巨任务,根本原因在于坚持把马克思主义基本原理同中国具体实际相结合、同中华优秀传统文化相结合,坚持人民至上、坚持自信自立、坚持守正创新、坚持问题导向、坚持系统观念、坚持胸怀天下。及时从理论和实践结合的角度回答中国之问、世界之问、人民之问、时代之问,不断谱写马克思主义中国化时代化新篇章。

推进理论的体系化、学理化,是理论创新的内在要求和重要途径。马克思主义之所以影响深远,在于其以深刻的学理揭示人类社会发展的真理性、以完备的体系论证其理论的科学性。习近平新时代中国特色社会主义思想的发展是一个不断丰富拓展并不断体系化、学理化的过程。马克思主义理论研究和建设工程要不断深化理论研究阐释,重点研究阐释党提出的新理念新论断中原理性理论成果,把握其内在联系,教育引导全党全国更好地学习贯彻习近平新时代中国特色社会主义思想的理论体系。

"两个结合"是推进马克思主义中国化时代化的根本途径。中国具体实际包含时代特征,中国化内含着时代化的要求。党推进马克思主义中国化时代化,也是同中华优秀传统文化相结合的过程,马克思主义和中华优秀传统文化来源不同,但彼此存在高度的契合性。中华优秀传统文化源远流长、博大精深,形成了中国人的独特价值体系、文化内涵和精神品质,蕴含着许多优秀理念,是中华文明的智慧结晶。"第二个结合"是在文化的根基层面深化马克思主义中国化时代化,使得马克思主义真理之树在中华民族历史文化沃土中根深叶茂,马克思主义中国化时代化的历史基础和群众基础不断夯实。经过"两个结合",马克思主义在中国具体化本土化,在中国革命、建设、改革的实践中发挥着科学指导作用,产生出强大的实践威力,创造了经济快速发展和社会长期稳定的奇迹。毛泽东思想是被实践证明了的关于中国革命和建设的正确的理论原则和经验总结,邓小平理论科学回答了建设中国特色社会主义的一系列基本问题,"三个代表"重要思想加深了对什么是社会主义、怎样建设社会主义和建设什么样的党、怎样建设党的认识,科学发展观深刻认识和回答了新形势下实现什么样的发展、怎样发展等重大问题,习近平新时代中国特色社会主义思想科学回答了新时代坚持和发展什么样的中国特色社会主义、怎样坚持和发展中国特色社会主义,建设什么样的社会主义现代化强国、怎样建设社会主义现代化强国,建设什么样的长期执政的马克思主义政党、怎样建设长期执政的马克思主义政党等重大时代课题,是党对中国特色社会主义建设规律认识深化和理论创新的重大成果。坚持"两个结合",推进马克思主义中国化时代化,党就能够不断坚持和发展符合国情、扎根本土、深得人心的中国特色社会主义道路。

(三)在守正创新中谱写马克思主义中国化时代化新篇章

党的二十大报告指出:"我们从事的是前无古人的伟大事业,守正才能不迷失方向、不犯颠覆性错误,创新才能把握时代、引领时代。"①理论的全部生命力在于创新,只有不断创新的理论,才能紧跟时代步伐,才能指导实践并在实践中不断丰富和发展。中国特色社会主义进入新时代,要深入推进理论创新,开辟马克思主义中国化时代化新境界,首先要把握好习近平新时代中国特色社会主义思想的世界观和方法论,坚持好、运用好贯穿其中的立场观点方法。守正创新就是其中非常重要的一条。

---

①　习近平:《高举中国特色社会主义伟大旗帜 为全面建设社会主义现代化国家而团结奋斗——在中国共产党第二十次全国代表大会上的报告》,人民出版社,2022年,第20页。

守正创新是中国共产党人对马克思主义认识路线的继承和发展。一百多年来，中国共产党人在把马克思主义基本原理同中国具体实际相结合、同中华优秀传统文化相结合的基础上，在守正创新中把握历史主动，用发展着的马克思主义指导革命、建设和改革实践，从探索出以农村包围城市、武装夺取政权的革命道路，到改革开放大踏步赶上时代，再到以中国式现代化全面推进中华民族伟大复兴，推进中华民族从站起来、富起来到强起来的伟大飞跃。中国共产党人用鲜活的实践证明了思想路线的正确性和对待马克思主义的正确态度，并结合实践特征总结实践经验，创立了毛泽东思想、邓小平理论，形成了"三个代表"重要思想、科学发展观，创立了习近平新时代中国特色社会主义思想，实现了马克思主义中国化时代化的数次飞跃，实现了对马克思主义的科学继承和发展。

新时代新征程需要继续推进马克思主义守正创新。习近平在中共中央政治局第六次集体学习时强调，马克思主义中国化时代化这个重大命题本身就决定了我们决不能抛弃马克思主义这个魂脉，决不能抛弃中华优秀传统文化这个根脉。坚守好这个魂和根，是理论创新的基础和前提。守正不渝，创新不止，是以习近平同志为核心的党中央治国理政的显著特点。所谓守正，就是守共产主义远大理想和中国特色社会主义共同理想之正、守马克思主义基本原理之正、守中国共产党领导之正、守科学社会主义基本原则之正、守中华优秀传统文化思想精华之正；所谓创新，就是要创当代中国马克思主义之新、创新时代新征程新事业之新、创中国式现代化道路之新、创人类文明形态之新。守正和创新相辅相成，体现了变与不变、继承与发展、原则性与创造性的辩证统一，深刻反映了马克思主义在理论创新和实践创新的良性互动中实现发展的规律，发展了马克思主义哲学方法论，丰富了辩证唯物主义和历史唯物主义的理论内涵。

坚持守正创新，归根到底就是在对待马克思主义时，既不能采取教条主义或本本主义的态度，也不能采取实用主义或经验主义的态度。要在认识和运用马克思主义时有立场可定、有原则可依、有主旨可循,回应新时代坚持和发展中国特色社会主义的迫切需要,使党领导的事业在全面建设社会主义现代化国家新征程上更具原则性、指向性、预见性。

二、谱写马克思主义中国化时代化新篇章是科学社会主义在21世纪焕发勃然生机的理论工程

回首中国共产党的百余年奋斗史,历史已充分证明:只有社会主义才能救中国,只有社会主义才能发展中国,只有不断谱写马克思主义中国化时代化新篇章才能实现中华民族伟大复兴,才能为世界社会主义的发展提供中国方案,贡献中国智慧。当前,世界之变、时代之变、历史之变前所未有,人类社会面临前所未有的挑战,世界又一次站在历史的十字路口。面对"世界怎么了,我们怎么办"的时代之问,我们坚持胸怀天下,积极回应各国人民普遍关切,为解决全人类面临的重大问题提供一系列体现中国立场、中国智慧、中国价值的理念、主张、方案,为人类文明进步贡献更多的智慧和力量。我们坚信,在不断谱写马克思主义中国化时代化新篇章的征程上,科学社会主义还将继续引领中国走向欣欣向荣,社会主义中国必将以更加雄伟的身姿屹立于世界东方,中国特色社会主义必将在振兴世界社会主义的事业中发挥更加重要的作用!

(一)中国共产党开创的中国特色社会主义道路是科学社会主义的伟大成功实践

中国共产党领导的革命、建设、改革事业是国际共产主义运动和世界社会主义的重要组成部分。历史充分证明,科学社会主义成就了中国共产党,中国共产党也成就了科学社会主义。习近平在党的二十大报告中指出:"科

学社会主义在二十一世纪的中国焕发出新的蓬勃生机","中国特色社会主义,是科学社会主义理论逻辑和中国社会发展历史逻辑的辩证统一,是根植于中国大地、反映中国人民意愿、适应中国和时代发展进步要求的科学社会主义"。

党的十八大以来,党中央不断推进理论创新和实践创新,开辟了马克思主义新境界。以习近平同志为核心的党中央围绕一系列全局性、根本性、战略性问题,不断进行理论创新、实践创新、制度创新、文化创新,创立了习近平新时代中国特色社会主义思想,实现了马克思主义与中国具体实际相结合的新的历史性飞跃。以习近平同志为核心的党中央在开创新时代中国特色社会主义的过程中,为丰富和发展马克思主义和科学社会主义作出了重大的贡献。例如:提出关于社会主义国家治国理政的理论,关于中国式现代化的理论,关于建设人类文明新形态的理论,关于新发展理念和高质量发展的理论,关于在高质量发展基础上逐步实现共同富裕的理论,关于建设中国特色社会主义制度体系的理论,关于发展全过程人民民主的理论等。这些理论都是富有创造性的,其中有许多是习近平对马克思主义和科学社会主义的原创性贡献。习近平新时代中国特色社会主义思想是马克思主义在当代中国的最新发展,也是21世纪科学社会主义理论的最新成就,在习近平新时代中国特色社会主义思想的指引下,党和国家解决了许多长期想解决而没有解决的难题,办成了许多过去想办而没有办成的大事,推动党和国家事业取得历史性成就、发生历史性变革,全面建成小康社会取得伟大历史性成就,中华民族伟大复兴向前迈出了新的一大步。

同时,我们更加重视马克思主义时代化,把解决实际问题放在突出地位。进入新时代,我国经济实力跨上新台阶,经济总量在2020年突破一百万亿元,占世界经济比重达到17%左右,稳居世界第二。人均国内生产总值突破一万美元,达到中高收入国家水平。全面深化改革取得重大突破,中国特色社会主义制度更加完善。民主法治建设迈出重大步伐,国家治理体系和治理能力现代化水平明显提高。人民生活水平显著提高,高等教育进入普及化阶段,城镇新增就业取得新成效,建成世界上规模最大的社会保障体系,基本医疗保险覆盖超过十三亿人,基本养老保险覆盖近十亿人。生态环境保护发生历史性、转折性、全局性变化。国防和军队改革取得历史性突破。新时代中国特色大国外交展现新气象、实现新作为。全面从严治党不断向纵深推进,反腐败斗争取得压倒性胜利。特别是完成了消除绝对贫困的艰巨任务,创造了又一个彪炳史册的人间奇迹!

这些伟大成就的取得,充分展示了中国共产党的领导水平和执政能力,充分体现了中国特色社会主义制度和国家治理体系的显著优势和强大生命力,充分彰显了中国特色社会主义是科学社会主义理论逻辑和中国社会发展历史逻辑的辩证统一,是根植于中国大地、反映中国人民意愿、适应中国和时代发展进步要求的科学社会主义。

中国特色社会主义在中国取得的巨大成功表明,社会主义没有灭亡,也不会灭亡,而且它焕发出了蓬勃生机活力。中国特色社会主义道路的成功,宣告了苏联解体、东欧剧变之后西方学者所宣扬的"马克思主义过时论"的过时、"社会主义终结论"的终结、"中国崩溃论"的崩溃,使马克思主义以崭新的形象展现在世界上,使世界范围内社会主义和资本主义两种意识形态、两种社会制度的历史演进及其较量发生了有利于社会主义的重大转变。

(二)中国共产党构建的中国特色社会主义制度为世界社会主义发展提供成功经验

中国特色社会主义制度是党和人民在长期实践探索中形成的科学制度体系,中国共产党自成立以来,团结带领人民,坚持把马克思主义基本原理同中国具体实际相结合,不断探索实践,不断改革创新,在伟大而深刻的变革中,不断形成和发展党的领导和经济、政治、文化、社会、生态文明、军事、外交等各方面制度,取得历史性成就。简而言之,中国共产党领导人民构建的中国特色社会主义制度是系统完备和结构科学的。

中国特色社会主义制度是系统完备的。党的十九届四中全会提出的党的领导制度体系、人民当家作主制度体系等13个方面的制度构成了中国特色社会主义制度的总体图谱。这一图谱涵盖了中国共产党领导中国人民统筹推进"五位一体"总体布局、协调推进"四个全面"战略布局,在统揽"四个伟大"的实践中积累宝贵的经验,在治国理政的各个方面,涵盖了实现"两个一百年"奋斗目标进而实现中华民族伟大复兴的各个方面,形成了系统完备、科学规范、运行有效的科学制度体系。

中国特色社会主义制度是结构科学的。在这一制度体系中,既有根本政治制度、基本政治制度、基本经济制度,又有建立在此基础上的经济体制、政治体制、文化体制、社会体制、生态文明体制等事关国家治理各个方面的重要制度。不同层面、不同类型的制度相互衔接、相互联系,各司其职、有机协调,极大地推动了中国特色社会主义事业的发展,推动着国家治理水平的提升。

世界社会主义发展的五百余年,经历了从空想到科学、从理论到实践、从一国实践到多国发展、从遭受严重挫折到正在逐渐走出低潮并走向振兴的历史进程。20世纪80年代末90年代初,东欧剧变使第一个社会主义国家苏联和东欧社会主义国家不复存在,世界社会主义步入低谷。这不仅给向往社会主义的广大发展中国家带来严重冲击,还导致很多发展中国家被迫走上照搬西方制度模式的道路。然而面对前所未有的挑战,党领导人民创造了世所罕见的经济快速发展和社会长期稳定两大奇迹,中华民族迎来了从站起来、富起来到强起来的伟大飞跃,中国发展呈现出"风景这边独好"的局面,其中很重要的原因就是我国国家制度和治理体系具有显著优越性和强大生命力。短短三十余年,中国共产党就是依靠执着的奋斗,团结带领各族人民以中国特色社会主义的非凡成就扭转了世界社会主义运动陷入低谷的趋势,稳住了世界社会主义的航船,使各国共产党人坚定了对马克思主义的信仰、对社会主义的信念。

进入中国特色社会主义新时代,当今世界正经历百年未有之大变局,世界社会主义运动形势更加复杂多变,我们要顺应时代潮流,适应我国社会主要矛盾变化,统揽伟大斗争、伟大工程、伟大事业、伟大梦想,不断满足人民对美好生活的新期待,战胜前进道路上的各种风险挑战,在坚持和完善中国特色社会主义制度、推进国家治理体系和治理能力现代化上下更大功夫。

(三)谱写马克思主义中国化时代化新篇章使21世纪科学社会主义焕发新活力

科学社会主义在21世纪的中国蓬勃发展的重要原因在于马克思主义行、中国化时代化的马克思主义行。科学社会主义为什么能够在21世纪的中国蓬勃发展,重要原因在于中国共产党结合中国实际不断开辟马克思主义新境界,进而科学指导中国特色社会主义行稳致远。

中国共产党成立一百年来,马克思主义在中国一直创新发展。其中本土化和时代化是马克思主义创新发展的两条基本路径。本土化是指马克思主义基本原理与各国国情相结合,使马克思主义落地生根、开花结果;时代化是指马克思主义基本原理与时代特征相结合,使马克思主义紧跟时代、引领时代。本土化着重体现的是马克思主义创新发展的空间维度,凸显了马克思主义从西欧发源地向全世界传播并在各国落地生根、实现创新发展的过程;时代化着重体现的是马克思主义创新发展的时间维度,凸显了马克思主义自19世纪中叶产生以来,历经20世纪和21世纪并随时代变迁而不断发展的过程。本土化和时代化是相辅相成的,只有将二者有机统一起来,才能完整把握马克思主义创新发展的过程和规律。

马克思主义本土化和时代化,具体到中国来说就是马克思主义中国化时代化,这是马克思主义创新发展的一般规律在中国共产党人奋斗实践中的生动体现。马克思主义基本原理只有同中国具体实际相结合、同中华优秀传统文化相结合,走马克思主义中国化之路,才能在中国落地生根、开花结果;马克思主义基本原理只有与不同时代的特征和条件相结合,走马克思主义时代化之路,才能在每一个时代绽放出耀眼光芒。

党自成立起就把马克思主义写在自己的旗帜上,用这一科学理论指导中国的革命实践。在党的百余年奋斗和理论创新中,中国共产党人不断推进马克思主义中国化时代化进程,使党的理论创新结出累累硕果。不论是新民主主义革命时期,还是社会主义革命和建设时期;不论是改革开放和社会主义现代化建设新时期,还是中国特色社会主义新时代,都有不同的社会主要矛盾和党的中心任务,都需要解答新的时代之问。中国特色社会主义进入新时代,中国共产党继续团结带领中国人民不断推进马克思主义中国化时代化,推动物质文明、政治文明、精神文明、社会文明、生态文明协调发展,成功走出中国式现代化道路,极大地彰显了社会主义制度的优越性,创造了人类文明新形态,谱写了世界社会主义运动的新篇章,成功将科学社会主义推向新阶段,谱写了世界社会主义五百余年来最精彩的华章,也让全世界坚信:"只要中国社会主义不倒,社会主义在世界将始终站得住。"

三、谱写马克思主义中国化时代化新篇章是创造人类文明新形态的思想自觉

人类文明形态经历了从落后到进步、从低级到高级的漫长演进过程,并伴随着人类社会的发展而不断变迁。马克思主义唯物史观认为,社会意识反作用于社会存在。百余年来,中国共产党以马克思主义为指导,立足社会主义文明与全人类文明的发展成果,以独具特色的中国式现代化为基础,创造了新的文明形态。进入新时代,中国共产党人继续谱写马克思主义中国化时代化新篇章,为回答好"世界怎么了""人类向何处去"的时代之题提供

了理论支撑,这是在对西方文明形态的反思中萌生的创造人类文明新形态的思想自觉,是建构我国自主的知识体系的应有之义。

(一)谱写马克思主义中国化时代化新篇章是回答世界之问的迫切需要

问题是时代的声音,理论是时代的呼唤。当前,我国正处于实现中华民族伟大复兴的关键时期,世界也经历着一系列根本性重大变革变化。特别是近年来新冠病毒感染大流行、俄乌冲突爆发,各类矛盾复杂交织、冲突不断,进一步加剧了世界分裂对抗之势,大变局明显加速演进,世界进入新的动荡变革期。回答好"世界怎么了""人类向何处去"之问,已成为迫切的时代课题。

习近平强调:"面对快速变化的世界和中国,如果墨守成规、思想僵化,没有理论创新的勇气,不能科学回答中国之问、世界之问、人民之问、时代之问,不仅党和国家事业无法继续前进,马克思主义也会失去生命力、说服力。"①中国特色社会主义进入新时代,以习近平同志为核心的党中央深刻把握马克思主义发展规律,坚持解放思想和实事求是相统一、培元固本和守正创新相统一,坚持把马克思主义基本原理同中国具体实际相结合、同中华优秀传统文化相结合,科学回答中国之问、世界之问、人民之问、时代之问,创立了习近平新时代中国特色社会主义思想,开辟了马克思主义中国化时代化新境界。

回答时代之问必须悟透习近平新时代中国特色社会主义思想。全党全国全社会要以习近平新时代中国特色社会主义思想为指导,进一步推动理论研究学理化、系统化,深刻揭示其内含的理论逻辑、历史逻辑和实践逻辑,深入阐释其核心要义、丰富内容、科学体系、理论精髓、时代价值和历史地

---

① 习近平:《更好把握和运用党的百年奋斗历史经验》,《求是》,2022年第13期。

位,并将其转化为学术话语、群众语言。同时在推动习近平新时代中国特色社会主义思想更加深入人心上下功夫,在武装头脑、铸魂育人上下功夫,及时总结创新实践经验、进行理论创新,通过扎实研究和创造性工作,为我国正在进行的伟大斗争实践"著书立说",回答好中国之题、时代之题,为新时代继续推进马克思主义中国化时代化发挥独特作用。

(二)中国式现代化实现了对西方资本主义现代化的跨越式赶超

马克思指出,资本主义文明与奴隶社会、封建社会等传统文明形态相比,确实更有利于生产力与社会关系的发展,是更高形态的人类文明,但要清醒地认识到,随着生产力的解放和发展,资本主义内部不可调和的矛盾将日趋尖锐,必将被更高级的社会文明形态取代。资本主义现代化实践,无论其发展历程还是现实进展,都映射了西方国家现代化理论模式的诸多弊端。

一是资本主义现代化造成人与自然的对立,导致严重的生态危机。伴随资本主义现代化高速发展的是工业生产的持续扩张、人口规模的急剧增加、资源能源的高消耗等粗放型生产方式与生活方式在世界范围内的流布,空气污染、水土流失、全球变暖等环境问题日益加剧。马克思指出,资本主义生产在集聚社会发展动力的同时,破坏了人与土地之间的物质交换,使自然环境遭到严重破坏。

二是资本主义现代化导致阶级对立与贫富分化加剧,引发社会危机。尽管资本主义现代化创造了巨大的财富,但西方国家维护资产阶级利益的自由民主制度,使工人阶级沦为资产阶级创造财富的工具,导致工人的财富在资本主义社会中的占比越来越小,百万富翁的财富增加变得更加迅速。这一社会不公平现象使工人阶级与资产阶级之间冲突不断,频频引发社会动荡。

三是资本主义现代化使拜金主义盛行,消解了社会主流价值观念,产生精神危机。资本主义现代化的发展,使人与人之间的社会交往关系发生异化和剧变。原本温情脉脉的人际交往变成功利主义取向的金钱关系与利益关系,金钱成为世界的"世俗之神",成为人类生存的意义和价值所在,造成"无知、粗野和道德堕落的积累"。拜金主义、消费主义思潮的泛滥,导致个体的社会价值被符号化、物役化,人类沦为现代文明的囚徒,伦理道德被破坏,精神危机随之而来。

反观在马克思主义中国化时代化进程中开辟的中国式现代化道路,实现了对西方道路的全方位超越。

一是以人为本对以资本为本的超越。中国式现代化以人民为本位,以满足人民日益增长的美好生活需要为奋斗目标,其出发点和落脚点都是为了人自身的全面发展,而不仅仅是为了追逐经济利益或利润。以人民为中心的发展思想是中国式现代化以人民为本位的本质体现。以人为本的现代化发展逻辑追求的是一种全领域全方位发展模式,是一种统筹兼顾、全面协调、可持续的全面发展模式,超越了西方式现代化的逐利本性和资本发展逻辑,真正体现了人民本位和人民主体地位。

二是共同富裕对两极分化的超越。坚持共同富裕的中国式现代化极大地激发了人民劳动创造的内驱力,人民不仅成为社会财富的创造者,也是社会财富的占有者、支配者和享受者。习近平指出:"要把促进全体人民共同富裕摆在更加突出的位置。"实现全体人民共同富裕已经成为中国式现代化的价值追求,超越了西方式现代化的两极分化。

三是人、物共同发展对片面追求物质主义的超越。中国式现代化追求的是物质文明和精神文明共同进步的现代化,即创造更多物质财富和精神财富以满足人民日益增长的美好生活需要,从而促进物的全面丰富和人的全面发展。

四是和平发展对丛林法则的超越。历史和现实都表明,西方老牌资本主义国家在走向现代化的过程中走的是暴力掠夺殖民地的道路,是一种弱肉强食的"丛林法则"。马克思对此作出批判："资本来到世间,从头到脚,每个毛孔都滴着血和肮脏的东西。"西方式现代化的"痼疾"是对人类文明发展的背离。而中国式现代化强调世界各国互利共赢,推动构建人类命运共同体,努力为人类和平与发展作出贡献。中国式现代化道路始终以和平方式解决国家之间的分歧和争端,在发展自身的同时又促进了世界和平,创造了人类文明新形态。

总之,中国式现代化体现了以全人类共同价值为导向的文明高度,凸显了关注人类共同命运的文明交往逻辑,实现了对"西方中心主义""文明冲突论""零和博弈"等西方传统思维的超越,推动着世界交往从非合理性走向合理性,以"胸怀天下"的大国情怀破解了"国强必霸"逻辑。中国式现代化走出了一条没有对外殖民掠夺的共创美好世界的和平发展道路,体现了"美美与共、天下大同"的交往境界,既更好地发展自身,又造福世界,为推动人类文明进步贡献了中国智慧和中国力量,创造了走和平发展道路的文明交往方式。

(三)中国式现代化为人类文明的品质提升贡献中国智慧

中国式现代化是马克思主义中国化时代化的重大课题。鸦片战争以后的中国历史证明,西方资本主义现代化的道路在中国走不通。中国式现代化是党的奋斗历程一以贯之的目标任务,必然成为马克思主义中国化时代化的重大课题,成为开辟马克思主义中国化时代化新境界的重要领域。党的十八大以来,以习近平同志为核心的党中央进一步深化对中国式现代化的内涵和本质的认识,并不断推进实践,为人类文明的品质提升贡献了中国智慧。

一是明确了中国式现代化的历史根据,指明了各国现代化的多样性质。世界上既不存在定于一尊的现代化模式,也不存在放之四海而皆准的现代化标准。现代化不等于西方化,西方现代化也不是现代化的唯一模式和标准。在世界现代化的大趋势下,各个国家和民族都可以根据国情实际和时代发展,自主抉择现代化的目标和道路。自近代以来,追求现代化、改变贫穷落后局面,是中华民族对"落后就要挨打"残酷现实的反思和回应。中国共产党带领全国人民付出了巨大而艰辛的努力,尽管在社会主义现代化进程中经历了这样那样的曲折,但是建设社会主义现代化的总的前进方向是不变的,建设社会主义现代化的决心是坚定的。中国共产党人始终坚守现代化的社会主义属性,并在与人民同甘共苦的实践中摸索出正确航向。

作为世界上最大的发展中国家,中国的基本国情就是人口规模巨大。因此,中国的现代化是人口规模巨大的现代化。其中,一个最为基本的实际情况是存在规模巨大的贫困人口。为了使规模巨大的贫困人口摆脱贫困,党领导人民接续奋斗,一茬接着一茬干,一棒接着一棒跑,在2021年2月召开的全国脱贫攻坚总结表彰大会上,习近平向世界庄严宣告:"我国脱贫攻坚战取得了全面胜利,现行标准下9899万农村贫困人口全部脱贫,832个贫困县全部摘帽,12.8万个贫困村全部出列,区域性整体贫困得到解决,完成了消除绝对贫困的艰巨任务,创造了又一个彪炳史册的人间奇迹!"①这不仅意味着困扰中华民族几千年的绝对贫困问题得到了历史性解决,意味着为实现全面建成小康社会的目标与任务作出了关键性贡献,更意味着中国式现代化有着各国现代化的共同特征,更有基于自己国情的中国特色,拓展了发展中国家走向现代化的途径,为人类实现现代化提供了新的选择,具有世界意义。

二是中国式现代化为解决人类文明共同性问题提供了中国智慧和中国方案。西方主导的全球化格局,导致了一个失序的世界:西方资本主义制度下,人与人之间的地位不平等,富人压榨穷人,导致贫富分化日益严重;由于私有制的存在,国家资源利用率低下,导致大规模无序开发资源致使环境破

---

① 习近平:《在全国脱贫攻坚总结表彰大会上的讲话》,《人民日报》,2021年2月26日。

坏;同时由于分工的细化,劳动者个性自由和才能长期得不到发展。这些都是以往西方社会治理中的失灵现象。而中国式现代化道路之"新"在于:作为发展中国家实现现代化的一条不平凡的道路,中国式现代化道路对于中国自身具有特别重要的意义,对于世界治理秩序和治理理念也具有特别重要的借鉴意义。

在人与人的关系不平等上,中国式现代化强调建立以公有制为主体,多种所有制经济共同发展的社会主义的基本经济制度,强调全体人民是生产资料的所有者;强调全过程人民民主,人民是国家的主人,国家一切权力属于人民;以满足人民美好生活需要为取向,大力发展中国特色社会主义文化。

在人与自然的关系上,中国共产党探索出中国特色的生态文明发展道路。习近平指出:"建设美丽家园是人类的共同梦想。面对生态环境挑战,人类是一荣俱荣、一损俱损的命运共同体,没有哪个国家能独善其身。"中国特色的生态文明发展道路,开启人与自然和谐共生的新篇章,也为人类社会如何处理人与自然关系提供了宝贵经验。

在人的全面发展问题上,中国式现代化超越西方资本逻辑,始终强调以人民为中心,强调人的全面发展和现代化是现代化的本质,克服了以往社会人的异化问题,是对于西方文明人类存在方式的一次重大革命。

三是增强了发展中国家独立自主进行现代化的信心。实现现代化是广大发展中国家梦寐以求的目标。特别是20世纪五六十年代以来,民族解放运动风起云涌,发展中国家摆脱了殖民国家的统治而赢得了政治上的独立。独立之后,发展中国家面临的一个紧迫任务就是尽可能快地进行国家建设,尤其是经济建设,以便彻底摆脱政治经济上的对外依附,实现真正意义上的独立自主。但这些国家在发展道路上往往选择照抄照搬发达国家的发展模式,这种脱离自身国情的发展,最后不仅没能实现经济发展和社会繁荣,反而容易陷入政治动荡和社会撕裂的困境之中。

作为世界上最大的发展中国家,在中国共产党的坚强领导下,我国成功探索出了一条具有中国特色的现代化新道路,创造了经济快速发展和社会长期稳定的奇迹。这条现代化新道路,既立足中国具体国情,强调经济社会发展的独立自主,牢牢掌握经济社会发展的主动权,又顺应经济全球化的潮流,积极参与和推动经济全球化的进程,积极融入世界经济,从而有效化解了其他发展中国家遭遇到的依附式发展及摆脱依附的"脱钩"式发展的二元难题。这条现代化新道路,既符合中国客观实际,体现中国特色社会主义现代化建设的特殊规律,又能够紧跟经济全球化的时代潮流,体现世界现代化发展的一般规律和人类社会发展的一般规律,因而既是中国的又是世界的。

总之,中国式现代化道路对人类文明的贡献是多维的,它向世界展现出现代化道路多样性的同时,也证明着并将继续证明这条道路的正确性。只要我们坚定不移地沿着中国式现代化道路走下去,一定能够实现中华民族伟大复兴的宏伟目标,一定能够为人类文明作出更大贡献。

第五章

习近平新时代中国特色社会主义思想
实现了马克思主义中国化时代化新的飞跃

　　习近平在中国共产党第二十次全国代表大会上作的题为《高举中国特色社会主义伟大旗帜 为全面建设社会主义现代化国家而团结奋斗》的报告，主题鲜明、视野宏阔、思想深邃，对全面建设社会主义现代化国家、全面推进中华民族伟大复兴作出科学战略部署，是一篇通篇闪耀着真理光芒的马克思主义纲领性文献。在报告的开篇，习近平指出一个具有深刻理论内涵和实践意义的重要论断，这就是"我们创立了新时代中国特色社会主义思想，明确坚持和发展中国特色社会主义的基本方略，提出一系列治国理政新理念新思想新战略，实现了马克思主义中国化时代化新的飞跃"①。深入分析和领会这一论断，对于我们全面完整准确贯彻习近平新时代中国特色社会主义思想，落实党的二十大精神，在新时代坚持和发展中国特色社会主义，以不竭动力续写马克思主义中国化时代化新篇章，具有重要的历史意义和时代价值。

---

　　①　习近平：《高举中国特色社会主义伟大旗帜 为全面建设社会主义现代化国家而团结奋斗——在中国共产党第二十次全国代表大会上的报告》，人民出版社，2022年，第6页。

一、习近平新时代中国特色社会主义思想是马克思主义中国化时代化的最新理论成果

作为马克思主义中国化时代化的最新理论成果,习近平新时代中国特色社会主义思想立足中国实际、把握时代脉搏、顺应世界潮流,彰显了党持续推动马克思主义在时空维度上的革新演进,用活的马克思主义指引中国伟大实践的历史自觉和理论自信,为全面建设社会主义现代化国家提供了根本遵循和行动指南,使马克思主义理论在21世纪的中国展现出空前的强大活力。

(一)习近平新时代中国特色社会主义思想是当代中国马克思主义、二十一世纪马克思主义

拥有科学理论思维和先进思想指引是一个民族走在时代前列的必然要求,也是一个国家所具备的根本优势与长远优势。作为我们立党立国、兴党兴国的根本指导思想,马克思主义一经诞生,就"犹如壮丽的日出,照亮了人类探索历史规律和寻求自身解放的道路"①。马克思主义自创立一百七十余年来,科学揭示了人类社会发展规律,指明了人类寻求自身解放的道路,推进了人类文明进程,为人们观察世界、分析问题提供了伟大的认识工具和思想武器。在深刻改变世界的同时,马克思主义也深远影响了中华民族和中国人民的前途命运。随着俄国十月革命一声炮响,马克思主义传入中国,为中国共产党的诞生作了思想上和组织上的重要准备,而中国共产党诞生后,始终坚持马克思主义科学理论指导,不断推进马克思主义中国化时代化,使

---

① 习近平:《论党的宣传思想工作》,中央文献出版社,2020年,第320页。

中国的革命、建设和改革事业取得历史性伟大成就,中华民族一改近代以来的屈辱、积贫与落后面貌,迎来了从站起来、富起来到强起来的伟大飞跃,充分显示出马克思主义的科学性。

在全面把握马克思主义科学性的同时,我们也应认识到,任何理论都是在一定时空范围内形成的,是特定地域环境和时代条件的产物,是一定地域特色和时代特征的统一,具备实践性的本质属性,马克思主义也是如此。回顾这一理论体系的创建过程,从地域层面看,马克思主义是基于欧洲的历史传统和现实问题产生的;而从时间维度看,马克思主义是19世纪欧洲资本主义矛盾激化和工人运动发展的产物。正是出于对这一时空特征的把握,马克思、恩格斯揭示出资本主义社会的基本矛盾和发展规律,在吸收和改造人类思想文化的一切优秀成果,特别是在当时社会科学和自然科学最新成果的基础上创立了马克思主义。因此,马克思主义的诞生过程及其本质属性决定了其必然是来自实践并指导实践的理论,也必然是一个不断发展的理论,坚持和发展马克思主义必须推进马克思主义本土化和时代化。对于中国共产党而言,就是要持续推进马克思主义中国化时代化,将马克思主义作为行动指南而非教条,立足本国、本民族具体实际和时代特征来运用和发展马克思主义。

时代是思想之母,实践是理论之源。当代中国正经历着我国历史上最为广泛而深刻的社会变革,也正在进行着人类历史上最为宏大而独特的实践创新。这一复杂而独特的时空条件急切呼唤伟大理论,也必然能够孕育出伟大理论。党的十八大以来,世界百年未有之大变局加速演进,世界之变、时代之变、历史之变正以前所未有的方式展开,世界经济复苏乏力,逆全球化思潮抬头,世纪疫情影响深远,局部冲突和动荡频发,全球性问题加剧,全球治理体系和国际秩序变革加速推进,世界进入新的动荡变革期;中国特色社会主义进入新时代,社会主要矛盾发生根本性变化,战略机遇和风险挑战并存,中华民族伟大复兴进入关键时期;中国式现代化建设取得伟大成就,中国式现代化全面推进拓展,丰富和发展了人类文明新形态;科学社会主义在21世纪的中国焕发蓬勃生机,使世界范围内两种意识形态、两种社会制度的历史演进及其较量发生了有利于社会主义的重大转变;中国共产党自我革命开辟新的境界,探索出跳出历史周期率的第二个答案,解决好大党独有难题,不断以党的自我革命引领伟大社会革命。①

　　基于世情国情党情的深刻复杂变化,以习近平同志为核心的党中央坚持"两个结合",科学研判国际形势和世界发展大势,准确把握中国特色社会主义的历史方位、时代变化、实践要求,从新的实际出发创立了习近平新时代中国特色社会主义思想。在这一思想创立的进程中,习近平以马克思主义政治家、思想家、战略家的历史主动精神、非凡理论勇气、卓越政治智慧、强烈使命担当,对关系新时代党和国家事业发展的一系列重大理论和实践问题进行了深邃思考和科学研判,就"新时代坚持和发展什么样的中国特色社会主义、怎样坚持和发展中国特色社会主义,建设什么样的社会主义现代化强国、怎样建设社会主义现代化强国,建设什么样的长期执政的马克思主义政党、怎样建设长期执政的马克思主义政党"等重大时代课题,提出了一系列原创性的治国理政新理念新思想新战略,科学地回答了新时代坚持和发展中国特色社会主义的总目标、总任务、总体布局、战略布局和发展方向、发展方式、发展动力、战略步骤、外部条件、政治保证等基本问题,并根据新的实践对经济、政治、法治、科技、文化、教育、民生、民族、宗教、社会、生态文明、国家安全、国防和军队、"一国两制"和祖国统一、统一战线、外交、党的建设等各方面作出理论分析和政策指导,以全新的视野深化了对共产党执政规律、社会主义建设规律、人类社会发展规律的认识,为中国特色社会主义事业提供了科学思想指引,推进党和国家事业持续取得历史性成就、发生历史性变革。

---

① 中共中央宣传部编:《习近平新时代中国特色社会主义思想学习纲要》,学习出版社、人民出版社,2019年,第2~6页。

（二）习近平新时代中国特色社会主义思想凝结了中华文化和中国精神的时代精华

在中国共产党成立100周年之际，习近平明确指出："坚持把马克思主义同中国具体实际相结合、同中华优秀传统文化相结合。"①在党的二十大报告中，习近平再次重申"两个结合"并对"第二个结合"作出系统阐述。坚持和发展马克思主义，必须同中华优秀传统文化相结合这一"第二个结合"的理论创设是习近平新时代中国特色社会主义思想的重要原创性贡献，它深化了对马克思主义中国化时代化的规律性认识，赋予马克思主义理论鲜明的中国特色，使马克思主义在中国牢牢扎根，体现了新时代中国共产党的文化自信与理论自觉。习近平新时代中国特色社会主义思想蕴含着深厚文化根脉，是中华文化和中国精神的时代精华。

首先，习近平新时代中国特色社会主义思想传承发展中华优秀传统文化。中华民族是世界上古老而伟大的民族，中华文明是人类唯一绵延数千年且没有中断的古文明。历经五千多年的传承创造，中华文明为人类文明进程作出了不可磨灭的贡献。作为中华文明的智慧结晶，中华优秀文化博大精深、内容浩瀚，其中所蕴含的天下为公、民为邦本、为政以德、革故鼎新、厚德载物、和而不同、协和万邦等思想精华，既是中国人民在长期生产生活实践中积累的宇宙观、天下观、社会观、道德观的集中体现，也同科学社会主义核心价值观具有高度契合性。党的十八大以来，以习近平同志为核心的党中央高度重视中华优秀传统文化，使之成为治国理政的重要思想文化根源，并创造性地运用马克思主义基本原理激活中华文明的精神伟力，推动中华优秀传统文化的创造性转化与表达，在推进马克思主义中国化时代化进程中赋予中华优秀传统文化新的时代内涵。如"以人民为中心"折射出"民

---

① 习近平：《在庆祝中国共产党成立100周年大会上的讲话》，《人民日报》，2021年7月2日。

为邦本,本固邦宁"的民本思想,"人类命运共同体"彰显了"亲仁善邻、协和万邦"的天下情怀,"共同倡导尊重世界文明多样性"则显示出"和羹之美、在于合异"的文明观念,这些表述和观点无一不汲取了中华优秀传统文化的思想精华,并通过马克思主义的当代表达激发出中华文明的深厚魅力与时代风采。

其次,习近平新时代中国特色社会主义思想高扬中国精神的时代力量。精神是国家富强、民族兴旺的基石和灵魂,源远流长的中华文明"积淀着中华民族最深层的精神追求,代表着中华民族独特的精神标识"①。作为习近平新时代中国特色社会主义思想的主要创立者,习近平在第十二届全国人民代表大会第一次会议上将中国精神的内涵概括为以爱国主义为核心的民族精神和以改革创新为核心的时代精神。在第十三届全国人民代表大会第一次会议上,习近平进一步将中国精神的内涵拓展为伟大创造精神、伟大奋斗精神、伟大团结精神、伟大梦想精神,这"四个伟大精神"的系统阐释集中显示出中国精神强大的塑造力、影响力和感召力。在庆祝中国共产党成立100周年的光荣时刻,习近平概括提炼出"坚持真理、坚守理想,践行初心、担当使命,不怕牺牲、英勇斗争,对党忠诚、不负人民"的伟大建党精神,并强调"一百年来,中国共产党弘扬伟大建党精神,在长期奋斗中构建起中国共产党人的精神谱系,锤炼出鲜明的政治品格"②。作为中国共产党人共同的精神源泉,伟大建党精神及其所推动构筑的精神谱系在中国革命、建设和改革的光辉历程发挥了重要作用,是中国精神时代化的生动体现。伟大精神领航伟大事业,面向全面建设社会主义现代化国家的新征程,党坚持弘扬伟大建党精神,在"务必不忘初心、牢记使命,务必谦虚谨慎、艰苦奋斗,务必敢于

---

① 习近平:《在庆祝中国共产党成立95周年大会上的讲话》,《求是》,2021年第8期。
② 习近平:《在庆祝中国共产党成立100周年大会上的讲话》,《人民日报》,2021年7月2日。

斗争、善于斗争"①的时代要求中弘扬中国精神、凝聚民族力量,在书写马克思主义中国化时代化新篇章中赋予中国精神新的历史性升华。

最后,习近平新时代中国特色社会主义思想铸就社会主义文化新辉煌。文化自信是最深邃最持久的力量,也是推进中华民族伟大复兴最为强大的精神支撑。习近平高度重视社会主义文化建设,在多个场合就为什么要坚定文化自信、坚定什么样的文化自信,以及如何在文艺、哲学社会科学、考古和传统文化传承等工作中坚定文化自信作出系统阐述。习近平在党的二十大报告中更是对社会主义现代化国家的文化发展作出了战略谋划,提出"举旗帜""聚民心""育新人""兴文化""展形象"五大着力点。这些重要论述表明,以习近平同志为主要代表的中国共产党人不仅是马克思主义的坚定信仰者和实践者,也是社会主义文化建设的传承者和开拓者。在习近平新时代中国特色社会主义思想的引领下,中国共产党将团结带领中国人民坚定历史自信、文化自信,坚持古为今用、守正创新,持续激发全民族文化创新创造活力,不断夯实马克思主义中国化时代化的文化根基,在传承中华优秀传统文化、大力发展社会主义先进文化的进程中以中国式现代化全面推进中华民族伟大复兴。

(三)习近平新时代中国特色社会主义思想实现了马克思主义中国化时代化新的飞跃

与时俱进是马克思主义鲜明的理论品格,也是贯穿中国共产党百余年奋斗历程的一条宝贵历史经验。回首一百多年来中国共产党不断从胜利走向胜利的历史,就是一代代共产党人,把马克思主义基本原理同中国具体实际相结合、同中华优秀传统文化相结合,不断推进马克思主义中国化时代化的历史进程。在这一历史进程中,中国共产党人先后取得了毛泽东思想、邓

---

① 习近平:《高举中国特色社会主义伟大旗帜 为全面建设社会主义现代化国家而团结奋斗——在中国共产党第二十次全国代表大会上的报告》,人民出版社,2022年,第1页。

小平理论、"三个代表"重要思想、科学发展观、习近平新时代中国特色社会主义思想等一系列重大理论成果，并以三个理论上的飞跃带动了社会实践的四次飞跃。

"飞跃"是一个有着丰富内涵的专有名词。《辞海》将"飞跃"定义为"事物从量变到质变，从一种质变到另一种质变的转变过程"。从哲学意义而言，"飞跃"意指事物在质上取得的变化；从实践维度上看，"飞跃"强调社会发展进入新阶段，完成了一次又一次质、量互变的过程；而从理论角度讲，"飞跃"是理论发展形成一个新的科学体系，出现了系统性、整体性的突破，使理论达到一个新的高度。结合上述定义，我们进而可以得出构成"理论飞跃"的标准体系：在客观构成上，飞跃的前提是社会主要矛盾发生重大转变，历史任务出现重大变化，只有当社会主要矛盾和历史任务发生重大变化的时候，才能开启全面创新的空间，才可能产生理论飞跃；在主观构成上，则可分为四个标准，即提出了新的系统的时代课题、形成了相对独立完整科学的理论体系、推动了全面理论创新和带动了经济社会发展步入新阶段。基于上述主客观标准，我们可以更加精确地理解马克思主义中国化时代化的三个飞跃，并更为精准地把握习近平新时代中国特色社会主义思想在其中的历史方位和实践价值。

毛泽东思想创立和形成于新民主主义革命时期，当时中国社会的主要矛盾是帝国主义和中华民族、封建主义和人民大众的矛盾。一方面，正是基于对当时主要矛盾的正确判断，党才因应制定了新民主主义革命不同时期的路线方针政策。这一时期，我们面临的历史任务就是要推翻帝国主义、封建主义、官僚资本主义三座大山，建立人民民主的社会主义新中国。正是在此种时代背景下，以毛泽东同志为主要代表的中国共产党人多次力挽狂澜，带领中国人民取得了一次又一次斗争的胜利。另一方面，从主观标准出发，毛泽东思想集中回答了"什么是新民主主义革命，如何夺取新民主主义革命的胜利；什么是社会主义革命，如何完成社会主义革命；什么是社会主义建设,如何完成社会主义建设"的时代课题,并在这一过程中形成了关于中国革命和建设的完整理论体系。此外,毛泽东思想活的灵魂贯穿于这一体系各个部分的立场、观点、方法,体现为实事求是、群众路线、独立自主三个基本方面。在毛泽东思想的指导下,中国实现了由几千年封建专制政治向人民民主的伟大飞跃,实现了迈进社会主义社会的伟大飞跃,共同概括为马克思主义中国化第一次历史性飞跃。

改革开放和社会主义现代化建设新时期,我国社会主要矛盾发生深刻转变,表现为人民日益增长的物质文化需要同落后的社会生产之间的矛盾。基于对这一主要矛盾的清醒认知,中国共产党明确提出解决矛盾的关键在于以经济建设为中心,大力发展生产力。与此同时,我国的历史任务也演变为如何在"站起来"的基础上实现"富起来"。为此,以邓小平同志为主要代表的中国共产党人,从中国国情出发,坚持解放思想、实事求是,突破传统社会主义发展经验的束缚,实行改革开放,把中国式现代化建设推向新的高度,逐渐形成了邓小平理论。之后,以江泽民同志为主要代表的中国共产党人和以胡锦涛同志为主要代表的中国共产党人不断坚持和发展中国特色社会主义,最终形成了中国特色社会主义理论体系。在回答"什么是社会主义、如何建设社会主义,建设什么样的党、如何建设党,实现什么样的发展、如何发展"等时代课题的过程中提出了关于建设中国特色社会主义的发展道路、发展阶段、根本任务、发展动力、发展战略、政治保证、祖国统一、外交和国际战略、领导力量和依靠力量等一系列重大理论,构成包括将改革开放作为发展的根本动力、确立社会主义市场经济的改革方向、提出"一国两制"构想及和平与发展的时代主题在内的全面理论创新。在实践中,中国特色社会主义理论体系指引中国实现了从生产力相对落后的社会主义国家到经济总量跃居世界第二的历史性突破,实现了人民生活从温饱不足到总体小康的历史性跨越,推进了中华民族从站起来到富起来的伟大飞跃,继而推导出中国特色社会主义理论体系的形成实现了马克思主义中国化新的飞跃。

　　党的十八大以来,中国特色社会主义进入新时代。中国社会的主要矛盾由人民日益增长的物质文化需要同落后的社会生产之间的矛盾,转化为人民日益增长的美好生活需要和不平衡不充分的发展之间的矛盾。我国面临的发展问题出现了根本性改变,到了追求更高发展质量的阶段,到了在解决物质财富创造从无到有、从少到多基础上向追求更高更优标准转变的阶段。中国特色社会主义出现了新的阶段性特征,中国已经迈入了中高收入国家的行列,社会主义制度逐渐走向成熟,迎来了从站起来、富起来到强起来的伟大飞跃,历史任务出现重大调整。同时,在主观创造上,历经新时代第一个十年的发展蝶变,习近平新时代中国特色社会主义思想已经将时代课题进行了全面提升与全面创新。通过回答"新时代坚持和发展什么样的中国特色社会主义、怎样坚持和发展中国特色社会主义,建设什么样的社会主义现代化强国、怎样建设社会主义现代化强国,建设什么样的长期执政的马克思主义政党、怎样建设长期执政的马克思主义政党"等重大时代课题,习近平新时代中国特色社会主义思想形成了以"十个明确""十四个坚持""十三个方面成就"为主要内容的完整系统的科学体系。

　　此外,习近平新时代中国特色社会主义思想以全新的视野深化了对共产党执政规律的认识,表现为提出全面从严治党、自我革命等党的建设新理论新战略;深化了对社会主义建设规律的认识,具化为以人民为中心、中国梦、新发展阶段、新发展理念、新发展格局、全过程人民民主、绿水青山就是金山银山、中国式现代化等新概念新思想;深化了对人类社会发展规律的认识,体现为推动构建新型国际关系和人类命运共同体、弘扬全人类共同价值、践行全球发展倡议等新理念新主张。在这一思想的指引下,党和国家事业取得历史性成就、发生历史性变革。党的二十大报告从创立习近平新时代中国特色社会主义思想、全面加强党的领导、对新时代党和国家事业发展作出科学完整的战略部署、实现全面建成小康社会目标、提出并贯彻新发展理念推进高质量发展、全面深化改革、实行更加积极主动的开放战略、坚持走中国特色社会主义政治发展道路、确立和坚持马克思主义在意识形态领域根本指导地位、深入贯彻以人民为中心的发展思想、坚持绿水青山就是金山银山的理念、推进国家安全体系和能力现代化、确立党在新时代的强军目标、全面准确推进"一国两制"实践并提出新时代解决台湾问题的总体方略、全面加快中国特色大国外交及推动构建人类命运共同体、深入推进全面从严治党等16个方面进行系统总结和概括。这一系列历史性成就的取得,推动我国迈上全面建设社会主义现代化国家的新征程,有力证实了习近平新时代中国特色社会主义思想实现了马克思主义中国化时代化新的飞跃。

二、习近平新时代中国特色社会主义思想的主要内容

中国共产党是高度重视理论指导和善于进行理论创新的马克思主义政党。作为马克思主义中国化时代化的最新理论形态,习近平新时代中国特色社会主义思想科学回答重大时代课题,着力解决新时代主要矛盾,系统擘画实现"两个一百年"奋斗目标,提出一系列治国理政新理念新思想新战略,形成了以"十个明确""十四个坚持""十三个方面成就"为主要内容的科学理论体系,必须长期坚持并不断丰富发展。

(一)"十个明确"

2017年10月,党的十九大报告将习近平新时代中国特色社会主义思想的主要内容概括为"八个明确"和"十四个坚持",从指导思想和行动纲领层面阐述了习近平新时代中国特色社会主义思想的主要内容。2021年11月,党的十九届六中全会根据党的十九大以来习近平新时代中国特色社会主义思想的新发展及党对这一思想的新认识,在《中共中央关于党的百年奋斗重

大成就和历史经验的决议》中将这一思想的核心内容扩展为"十个明确"。

第一,明确中国特色社会主义最本质的特征是中国共产党领导,中国特色社会主义制度的最大优势是中国共产党领导,中国共产党是最高政治领导力量,全党必须增强"四个意识"、坚定"四个自信"、做到"两个维护"。

第二,明确坚持和发展中国特色社会主义,总任务是实现社会主义现代化和中华民族伟大复兴,在全面建成小康社会的基础上,分两步走在21世纪中叶建成富强、民主、文明、和谐、美丽的社会主义现代化强国,以中国式现代化全面推进中华民族伟大复兴。

第三,明确新时代我国社会主要矛盾是人民日益增长的美好生活需要和不平衡不充分的发展之间的矛盾,必须坚持以人民为中心的发展思想,发展全过程人民民主,推动人的全面发展、全体人民共同富裕取得更为明显的实质性进展。

第四,明确中国特色社会主义事业总体布局是经济建设、政治建设、文化建设、社会建设、生态文明建设"五位一体",战略布局是全面建设社会主义现代化国家、全面深化改革、全面依法治国、全面从严治党"四个全面"。

第五,明确全面深化改革总目标是完善和发展中国特色社会主义制度、推进国家治理体系和治理能力现代化。

第六,明确全面推进依法治国总目标是建设中国特色社会主义法治体系、建设社会主义法治国家。

第七,明确必须坚持和完善社会主义基本经济制度,使市场在资源配置中起决定性作用,更好地发挥政府作用,把握新发展阶段,贯彻创新、协调、绿色、开放、共享的新发展理念,加快构建以国内大循环为主体、国内国际双循环相互促进的新发展格局,推动高质量发展,统筹发展和安全。

第八,明确党在新时代的强军目标是建设一支听党指挥、能打胜仗、作风优良的人民军队,把人民军队建设成为世界一流军队。

第九,明确中国特色大国外交要服务民族复兴、促进人类进步,推动建设新型国际关系,推动构建人类命运共同体。

第十,明确全面从严治党的战略方针,提出新时代党的建设总要求,全面推进党的政治建设、思想建设、组织建设、作风建设、纪律建设,把制度建设贯穿其中,深入推进反腐败斗争,落实管党治党政治责任,以伟大自我革命引领伟大社会革命。

(二)"十四个坚持"

党的十九大报告提出的"十四个坚持"构成新时代坚持和发展中国特色社会主义的行动纲领,着重回答了怎样坚持和发展中国特色社会主义,具体包括以下14点。

第一,坚持党对一切工作的领导。党政军民学,东西南北中,党是领导一切的。必须增强政治意识、大局意识、核心意识、看齐意识,自觉维护党中央权威和集中统一领导,自觉在思想上政治上行动上同党中央保持高度一致,完善坚持党的领导的体制机制,坚持稳中求进工作总基调,统筹推进"五位一体"总体布局,协调推进"四个全面"战略布局,提高党把方向、谋大局、定政策、促改革的能力和定力,确保党始终总揽全局、协调各方。

第二,坚持以人民为中心。人民是历史的创造者,是决定党和国家前途命运的根本力量。必须坚持人民主体地位,坚持立党为公、执政为民,践行全心全意为人民服务的根本宗旨,把党的群众路线贯彻到治国理政全部活动之中,把人民对美好生活的向往作为奋斗目标,依靠人民创造历史伟业。

第三,坚持全面深化改革。只有社会主义才能救中国,只有改革开放才能发展中国、发展社会主义、发展马克思主义。必须坚持和完善中国特色社会主义制度,不断推进国家治理体系和治理能力现代化,坚决破除一切不合时宜的思想观念和体制机制弊端,突破利益固化的藩篱,吸收人类文明有益成果,构建系统完备、科学规范、运行有效的制度体系,充分发挥我国社会主义制度优越性。

第四，坚持新发展理念。发展是解决我国一切问题的基础和关键，发展必须是科学发展，必须坚定不移贯彻创新、协调、绿色、开放、共享的新发展理念。必须坚持和完善我国社会主义基本经济制度和分配制度，毫不动摇巩固和发展公有制经济，毫不动摇鼓励、支持、引导非公有制经济发展，使市场在资源配置中起决定性作用，更好地发挥政府作用，推动新型工业化、信息化、城镇化、农业现代化同步发展，主动参与和推动经济全球化进程，发展更高层次的开放型经济，不断壮大我国经济实力和综合国力。

第五，坚持人民当家作主。坚持党的领导、人民当家作主、依法治国有机统一是社会主义法治发展的必然要求。必须坚持中国特色社会主义政治发展道路，坚持和完善人民代表大会制度、中国共产党领导的多党合作和政治协商制度、民族区域自治制度、基层群众自治制度，巩固和发展最广泛的爱国统一战线，发展社会主义协商民主，健全民主制度，丰富民主形式，拓展民主渠道，保障人民当家作主落实到国家政治生活和社会生活之中。

第六，坚持全面依法治国。全面依法治国是中国特色社会主义的本质要求和重要保障。必须把党的领导贯彻落实到依法治国全过程和各方面，坚定不移走中国特色社会主义法治道路，完善以宪法为核心的中国特色社会主义法律体系，建设中国特色社会主义法治体系，建设社会主义法治国家，发展中国特色社会主义法治理论，坚持依法治国、依法执政、依法行政共同推进，坚持法治国家、法治政府、法治社会一体建设，坚持依法治国和以德治国相结合，依法治国和依规治党有机统一，深化司法体制改革，提高全民族法治素养和道德素质。

第七，坚持社会主义核心价值体系。文化自信是一个国家、一个民族发展中更基本、更深沉、更持久的力量。必须坚持马克思主义，牢固树立共产主义远大理想和中国特色社会主义共同理想，培育和践行社会主义核心价值观，不断增强意识形态领域主导权和话语权，推动中华优秀传统文化创造性转化、创新性发展，继承革命文化，发展社会主义先进文化，不忘本来、吸收外来、面向未来，更好地构筑中国精神、中国价值、中国力量，为人民提供精神指引。

第八，坚持在发展中保障和改善民生。增进民生福祉是发展的根本目的。必须多谋民生之利、多解民生之忧，在发展中补齐民生短板、促进社会公平正义，在幼有所育、学有所教、劳有所得、病有所医、老有所养、住有所居、弱有所扶上不断取得新进展，深入开展脱贫攻坚，保证全体人民在共建共享发展中有更多获得感，不断促进人的全面发展、全体人民共同富裕。建设平安中国，加强和创新社会治理，维护社会和谐稳定，确保国家长治久安、人民安居乐业。

第九，坚持人与自然和谐共生。建设生态文明是中华民族永续发展的千年大计。必须树立和践行绿水青山就是金山银山的理念，坚持节约资源和保护环境的基本国策，像对待生命一样对待生态环境，统筹山水林田湖草系统治理，实行最严格的生态环境保护制度，形成绿色发展方式和生活方式，坚定走生产发展、生活富裕、生态良好的文明发展道路，建设美丽中国，为人民创造良好生产生活环境，为全球生态安全作出贡献。

第十，坚持总体国家安全观。统筹发展和安全，增强忧患意识，做到居安思危，是党治国理政的一个重大原则。必须坚持国家利益至上，以人民安全为宗旨，以政治安全为根本，统筹外部安全和内部安全、国土安全和国民安全、传统安全和非传统安全、自身安全和共同安全，完善国家安全制度体系，加强国家安全能力建设，坚决维护国家主权、安全、发展利益。

第十一，坚持党对人民军队的绝对领导。建设一支听党指挥、能打胜仗、作风优良的人民军队，是实现"两个一百年"奋斗目标、实现中华民族伟大复兴的战略支撑。必须全面贯彻党领导人民军队的一系列根本原则和制度，确立新时代党的强军思想在国防和军队建设中的指导地位，坚持政治建军、改革强军、科技兴军、依法治军，更加注重聚焦实战，更加注重创新驱动，更加注重体系建设，更加注重集约高效，更加注重军民融合，实现党在新时代的强军目标。

第十二，坚持"一国两制"和推进祖国统一。保持香港、澳门长期繁荣稳定，实现祖国完全统一，是实现中华民族伟大复兴的必然要求。必须把维护中央对香港、澳门特别行政区全面管治权和保障特别行政区高度自治权有机结合起来，确保"一国两制"方针不会变、不动摇，确保"一国两制"实践不变形、不走样。必须坚持一个中国原则，坚持"九二共识"，推动两岸关系和平发展，深化两岸经济合作和文化往来，推动两岸同胞共同反对一切分裂国家的活动，共同为实现中华民族伟大复兴而奋斗。

第十三，坚持推动构建人类命运共同体。中国人民的梦想同各国人民的梦想息息相通，实现中国梦离不开和平的国际环境和稳定的国际秩序。必须统筹国内国际两个大局，始终不渝走和平发展道路、奉行互利共赢的开放战略，坚持正确义利观，树立共同、综合、合作、可持续的新安全观，谋求开放创新、包容互惠的发展前景，促进和而不同、兼收并蓄的文明交流，构筑尊崇自然、绿色发展的生态体系，始终做世界和平的建设者、全球发展的贡献者、国际秩序的维护者。

第十四，坚持全面从严治党。勇于自我革命，从严管党治党，是我们党最鲜明的品格。必须以党章为根本遵循，把党的政治建设摆在首位，思想建党和制度治党同向发力，统筹推进党的各项建设，抓住"关键少数"，坚持"三严三实"，坚持民主集中制，严肃党内政治生活，严守党的纪律，强化党内监督，发展积极健康的党内政治文化，全面净化党内政治生态，坚决纠正各种不正之风，以零容忍态度惩治腐败，不断增强党自我净化、自我完善、自我革新、自我提高的能力，始终保持党同人民群众的血肉联系。

（三）"十三个方面成就"

党的十九届六中全会从十三个方面深刻总结党的十八大以来党和国家事业取得的历史性成就、发生的历史性变革，构成习近平新时代中国特色社会主义思想的重要内容。

第一，在坚持党的全面领导上，党中央权威和集中统一领导得到有力保证，党的领导制度体系不断完善，党的领导方式更加科学，全党思想上更加统一、政治上更加团结、行动上更加一致，党的政治领导力、思想引领力、群众组织力、社会号召力显著增强。

第二，在全面从严治党上，经过坚决斗争，全面从严治党的政治引领和政治保障作用充分发挥，党的自我净化、自我完善、自我革新、自我提高能力显著增强，管党治党宽松软状况得到根本扭转，反腐败斗争取得压倒性胜利并全面巩固，消除了党、国家、军队内部存在的严重隐患，党在革命性锻造中更加坚强。

第三，在经济建设上，我国经济发展平衡性、协调性、可持续性明显增强，国内生产总值突破百万亿元大关，人均国内生产总值超过一万美元，国家经济实力、科技实力、综合国力跃上新台阶，我国经济迈上更高质量、更有效率、更加公平、更可持续、更为安全的发展之路。

第四，在全面深化改革开放上，党不断推动全面深化改革向广度和深度进军，中国特色社会主义制度更加成熟更加定型，国家治理体系和治理能力现代化水平不断提高，党和国家事业焕发出新的生机活力。

第五，在政治建设上，积极发展全过程人民民主，我国社会主义民主政治制度化、规范化、程序化全面推进，中国特色社会主义政治制度优越性得到更好发挥，生动活泼、安定团结的政治局面得到巩固和发展。

第六，在全面依法治国上，中国特色社会主义法治体系不断健全，法治中国建设迈出坚实步伐，法治固根本、稳预期、利长远的保障作用进一步发挥，党运用法治方式领导和治理国家的能力显著增强。

第七，在文化建设上，我国意识形态领域形势发生全局性、根本性转变，全党全国各族人民文化自信明显增强，全社会凝聚力和向心力极大提升，为新时代开创党和国家事业新局面提供了坚强思想保证和强大精神力量。

第八,在社会建设上,我国社会建设全面加强,人民生活全方位改善,社会治理社会化、法治化、智能化、专业化水平大幅度提升,呈现出人民安居乐业、社会安定有序的良好局面,续写了社会长期稳定奇迹。

第九,在生态文明建设上,党中央以前所未有的力度抓生态文明建设,全党全国推动绿色发展的自觉性和主动性显著增强,美丽中国建设迈出重大步伐,我国生态环境保护发生历史性、转折性、全局性变化。

第十,在国防和军队建设上,在党的坚强领导下,人民军队实现整体性革命性重塑、重整行装再出发,国防实力和经济实力同步提升,一体化国家战略体系和能力加快构建,建立健全退役军人管理保障体制,国防动员更加高效,军政军民团结更加巩固。人民军队坚决履行新时代使命任务,以顽强斗争精神和实际行动捍卫了国家主权、安全、发展利益。

第十一,在维护国家安全上,国家安全得到全面加强,经受住了来自政治、经济、意识形态、自然界等方面的风险挑战考验,为党和国家兴旺发达、长治久安提供了有力保证。

第十二,在坚持"一国两制"和推进祖国统一上,党中央采取一系列标本兼治的举措,坚定落实"爱国者治港""爱国者治澳",推动香港局势实现由乱到治的重大转折,为推进依法治港治澳、促进"一国两制"实践行稳致远打下了坚实基础;坚持一个中国原则和"九二共识",坚决反对"台独"分裂行径,坚决反对外部势力干涉,牢牢把握两岸关系主导权和主动权。

第十三,在外交工作上,中国特色大国外交全面推进,构建人类命运共同体成为引领时代潮流和人类前进方向的鲜明旗帜,我国外交在世界大变局中开创新局、在世界乱局中化危为机,我国国际影响力、感召力、塑造力显著提升。

（四）"十个明确""十四个坚持""十三个方面成就"构成相互联系、内在统一的整体

党的十九大、十九届六中全会提出的"十个明确""十四个坚持""十三个方面成就"集中展现了习近平新时代中国特色社会主义思想的内在机理。"十个明确"科学系统阐明了习近平新时代中国特色社会主义思想的核心要义，展现了党对世情国情党情发展变化作出的准确识变和科学应变。"十个明确"充分回答了"是什么"的问题，总分结合、前后呼应，形成逻辑严密的整体；从理论、实践和构成三个相互联系的方面，揭示了当代中国马克思主义、二十一世纪马克思主义产生的理论前提、实践基础和构成要素，并且具有极强的实践意义，构成了支持理论框架的"四梁八柱"。"十四个坚持"从领导核心、价值立场、民主政治、民生保障等14个方面对党治国理政重大方针原则规划了具体实施路径，既是实践经验的高度凝练，也是实践活动的行动指南，精确回答了"怎么做"的问题，同"十个明确"在本质目标上具有同一性，构成一体两面的关系。"十三个方面成就"则在两者的基础上展现了理论的覆盖领域，在理论和实践的辩证统一中集中归纳了习近平新时代中国特色社会主义的原创性思想、变革性实践、突破性进展、标志性成果。三者有机联系、彼此呼应，共同构成观察时代、解读时代、引领时代的严密理论架构，必须从整体上予以把握。

三、习近平新时代中国特色社会主义思想为社会主义现代化国家建设提供科学指导

思想是行动的先驱，理论是实践的指针。习近平新时代中国特色社会主义思想以时代为经、以思想为纬，在世界百年变局、民族复兴全局、人类现

代化建设新格局、世界社会主义与百年大党焕发崭新生机的宏阔背景下应运而生,将一系列原创理论升华为推动党和国家事业发展的思路举措,为坚持和发展中国特色社会主义、迈向社会主义现代化国家建设新征程提供了科学指引和根本遵循。党的二十大报告关于党的中心任务的重大论断鲜明昭示出,习近平新时代中国特色社会主义思想的重要目的就是为全面建设社会主义现代化国家提供理念与行动指引。

(一)为全面建设社会主义现代化国家指明动力之源

习近平指出,中华民族伟大复兴绝不是轻轻松松、敲锣打鼓就能实现的。我们面临着难得机遇,也面临着严峻挑战。[①]以中国式现代化全面推进中华民族伟大复兴的新征程必然面临"危""机"交织叠加的复杂形势,而如何化"危"为"机"则需要在实践中依靠强劲且持续的创造性力量。习近平新时代中国特色社会主义思想为我们明确指出了社会主义现代化国家建设的不竭动力——人民的创造与智慧。

人民群众是历史的创造者,是决定党和国家事业前途命运的根本力量,尊重人民创造、集中人民智慧是党长期执政并带领人民取得事业胜利的底气所在。习近平新时代中国特色社会主义思想在紧紧依靠人民的实践伟力与实践智慧中诞生,并在锚定人民至上的立场中不断推动中国特色社会主义的实践创新。中国共产党进行理论探索和实践创新的百余年历程更是充分印证了这一点,正是因为党牢固树立人民至上的价值观念,坚定站稳人民立场,始终坚守为中国人民谋幸福、为中华民族谋复兴的初心使命,深深植根人民,一切为了人民、一切依靠人民,不断造福人民,才创造出彪炳史册的历史伟业。面向未来,续写以中国式现代化全面推进中华民族伟大复兴新的璀璨篇章,必须清醒地认识到没有人民群众的创造性实践,理论创新就会

---

① 习近平:《在党史学习教育动员大会上的讲话》,《求是》,2021年第7期。

成为无源之水、无本之木,波澜壮阔的中国革命、建设、改革和新时代的伟大成就就会迟滞中断。因此,中国共产党必须在新时代新征程上增强人民的理论自信和历史主动,把实现人民对美好生活的向往作为奋斗目标,牢记党和国家的一切工作都要以是否符合最广大人民根本利益为最高标准,依靠人民的勇气、智慧与力量创造新的辉煌。

(二)为全面建设社会主义现代化国家提供思维原点与行为准则

在解决问题中坚持创新发展是人类历史发展和社会进步的重要推动力。随着全面建设社会主义现代化国家新征程的启航,各式各样的新问题必然会层出不穷地出现。因此,在中国式现代化建设的实践中回应时代问题并致力于解决问题是习近平新时代中国特色社会主义思想的一个基本支点,更是其实践指向的集中体现。

坚持解决问题的实践目标。问题是时代的声音,回答并解决问题是理论的根本任务。"我们中国共产党人干革命、搞建设、抓改革,从来都是为了解决中国的现实问题。"[1]习近平新时代中国特色社会主义思想之所以是具备科学性的先进理论,关键就在于其坚持把问题作为创新的起点和动力,聆听时代声音、回应时代呼唤,在深入探索中找到解决问题的正确思路和有效措施。当前,中华民族伟大复兴进入关键期,我们一方面具备过去难以想象的良好发展条件和发展机遇,但也同时面临着许多前所未有的困难和挑战,解决问题的艰巨程度明显加大,必须做好准备经受风高浪急甚至惊涛骇浪的重大考验。鉴于此,我们必须增强问题意识,聚焦实践遇到的新问题、改革发展稳定存在的深层次问题、人民群众急难愁盼问题、国际变局中的重大问题、党的建设面临的突出问题,将这些问题作为未来中国现代化实践的核

---

① 《习近平谈治国理政》(第一卷),外文出版社,2018年,第74页。

心问题,始终围绕这些问题进行战略思考和行动设计,不断提出解决问题的新思路真办法。

坚持创新思维化解问题。只有问题意识而缺少创新思维和探索精神是不够的,面对社会发展中遇到的新问题、新风险、新挑战,全面建设社会主义现代化国家的实践必然要求发扬创新精神。对于新时代的中国而言,就是要坚持解放思想、实事求是、与时俱进、求真务实,适应时代新变化、实践新发展、人民新需求,因应提出新理念新思想新方案,科学回答时代之问、人民之问、世界之问。只有坚持创新,才能不断发展当代中国马克思主义、二十一世纪马克思主义,谱写马克思主义中国化时代化新篇章,进而赋予中国特色社会主义伟大事业不断前行的磅礴动力。

(三)为全面建设社会主义现代化国家谋划整体方向与行动场域

全面建设社会主义现代化国家的崭新实践是在统筹世界百年未有之大变局与中华民族伟大复兴战略全局中推进的,这势必要求未来现代化建设秉持系统思维和世界眼光,从战略全局和人类视域确立实践理念、规划实践方案与开展实践行动。

一是要用系统思维擘画实践的整体方向。辩证唯物主义认为,系统是由若干相互联系、相互作用、相互依存的要素按照一定结构构成的整体。万事万物都是作为系统存在和发展的,处于和其他事物千丝万缕的联系之中,这些联系构成事物存在的现实条件。事物作为系统而发展,阶段和阶段之间的联系构成事物存在的历史条件。只有用普遍联系的、全面系统的、发展变化的观点观察事物,才能把握事物发展规律。我国是一个仍处于社会主义初级阶段的发展中大国,正在经历广泛而深刻的社会变革,推进改革发展、调整利益关系往往牵一发而动全身。对此,我们必须坚持习近平新时代中国特色社会主义思想蕴含的系统观念,坚持发展地而不是静止地、全面地而不是片面地、系统地而不是零碎地、普遍联系地而不是单一孤立地观察事物,准确把握客观实际,真正掌握规律,妥善处理新时代坚持和发展中国特色社会主义的各种重大关系,在全局性谋划中整体性推进党和国家各项事业。

二是坚持对外开放,在全球化的空间场域中推进中国式现代化。当前,世界之变、时代之变、历史之变正以前所未有的方式展开,世界进入新的动荡变革期。在这样的时代背景下,继续推进理论和实践创新,以中国式现代化全面推进中华民族伟大复兴,必然要坚持为人类谋进步、为世界谋大同的胸襟情怀,既要善于把世界各国现代化道路的先进技术、前沿思想、成功经验吸取进来,转化为中国现代化建设的外在助力,又要在风云激荡的国际局势中承担更加重要的责任使命,顺应时代发展潮流、把握人类社会发展大势、回应各国人民普遍期待,为开创人类更加美好的未来贡献中国智慧、中国方案、中国力量,这既是当代中国共产党人应有的使命担当,也是全球化时代负责任大国应有的视野格局。

第六章

"两个结合"是推进马克思主义
中国化时代化的根本途径

　　推进马克思主义中国化时代化是一项宏大、复杂而艰巨的理论创新工程,必须选择正确的路径。2022年10月28日,习近平在殷墟遗址考察时强调:"中华优秀传统文化是我们党创新理论的'根',我们推进马克思主义中国化时代化的根本途径是'两个结合'"①,"两个结合"即马克思主义基本原理同中国具体实际相结合、同中华优秀传统文化相结合。从理论逻辑来看,"两个结合"内在包含于马克思主义中国化时代化的重大命题,二者既相互联系又相互区别,既相互促进又相互转化,开启了马克思主义中国化时代化的新叙事。从历史逻辑来看,"两个结合"辩证统一于马克思主义中国化时代化的实践过程,中国共产党在百余年奋斗历程中成功创造出一个又一个历史奇迹的思想密钥正在于此。从现实逻辑来看,要通过系统总结"两个结合"的历史经验以增强历史自觉和行动自觉,通过深刻领悟"两个结合"的思想精髓以凝聚精神力量,通过熟练掌握"两个结合"的科学方法以明确致思路径,从而不断开辟马克思主义中国化时代化新境界。

---

　　① 《习近平在陕西延安和河南安阳考察时强调 全面推进乡村振兴 为实现农业农村现代化而不懈奋斗》,《人民日报》,2022年10月29日。

一、"两个结合"内在包含于马克思主义中国化时代化的重大命题

马克思主义中国化时代化是中国共产党在新时代提出的关于马克思主义理论创新的重大命题,是对党百余年理论创新与实践的深刻总结。作为根植于西方文化传统的思想体系,马克思主义只有在"两个结合"中才能有效解决中国社会发展的现实问题,才能深深扎根于中华民族丰厚的文化土壤,从而不断将中国道理总结为中国经验,将中国经验升华为中国理论,实现自身的发展创新。

(一)坚持和发展马克思主义,必须同中国具体实际相结合

马克思主义本质上是一种源于实践又回到实践以指导实践、改造现实的理论,因而始终处于不断地运动、变化、发展过程中。正因如此,它摒弃一切将自身视作"公式"和"标签"的教条主义思维,主张对事物的认识和分析要从客观实际出发。恩格斯曾反复强调:"我们的理论不是教条,而是对包含着一连串互相衔接的阶段的发展过程的阐明"[①],马克思主义基本原理的应用"随时随地都要以当时的历史条件为转移"[②]。面对米海洛夫斯基等人将自己关于西欧资本主义起源的历史概述彻底变成一般发展道路的历史哲学理论的做法,马克思理直气壮地声明:"他这样做,会给我过多的荣誉,同时也会给我过多的侮辱。"[③]教条式地用所谓马克思主义的"原则"去裁剪各种事实,只会在历史面前碰得头破血流。俄国十月革命的成功可以看作民

① 《马克思恩格斯选集》(第四卷),人民出版社,2012年,第586页。
② 《马克思恩格斯选集》(第一卷),人民出版社,2012年,第376页。
③ 《马克思恩格斯选集》(第三卷),人民出版社,2012年,第730页。

族国家科学运用马克思主义的范例,列宁强调:"一切民族都将走向社会主义,这是不可避免的,但是一切民族的走法却不会完全一样,在民主的这种或那种形式上,在无产阶级专政的这种或那种形态上,在社会生活各方面的社会主义改造的速度上,每个民族都会有自己的特点。"①换言之,没有抽象的马克思主义,只有具体的马克思主义,马克思主义在各民族国家具体化的过程同时也成为其发展创新的过程。正是在此意义上,列宁主义赓续了马克思主义的血脉,为其提供了葆有蓬勃生机和旺盛活力的新鲜血液。

自马克思主义传入中国以来,时空条件的变化使得马克思主义的真理性只有在中华民族具体的社会-历史实践中才能得到现实的展开,也正是在马克思主义走向中国具体实际(工人运动)的过程中,中国共产党诞生了,这一"开天辟地的大事变"深刻改变了中国人民和中华民族的前途命运,为马克思主义持续绽放其耀眼的理论光芒搭建起广阔的舞台。毛泽东有言:"自从中国人学会了马克思列宁主义以后,中国人在精神上就由被动转为主动。"②之所以如此,是因为马克思主义为中国共产党提供了分析近代中国社会主要矛盾科学的世界观和方法论,指引中华民族走上了一条新民主主义—社会主义定向的革命道路,从而对"中国向何处去"这一时代之问和人民之问作出了原创性回答。但原生的马克思主义不可能对不同国家、不同民族、不同地区发展社会主义遇到的全部问题作出详尽阐释,"使马克思主义在中国具体化,使之在其每一表现中带着必须有的中国的特性"③,才能将马克思主义升华为克敌制胜的法宝,彻底转化为改造中国社会的现实物质力量。换言之,在中国场域中,马克思主义的发展创新只有循着"中国化时代化"的轨迹才能结出累累硕果。马克思主义在中国具体化最一般的含义即马克思主义基本原理同中国具体实际相结合,中国具体实际主要包括中

---

① 《列宁选集》(第二卷),人民出版社,2012年,第777页。

② 《毛泽东选集》(第四卷),人民出版社,1991年,第1516页。

③ 《毛泽东选集》(第二卷),人民出版社,1991年,第534页。

国基本国情、中国具体实践和中国历史文化三个重要组成部分。就中国基本国情而言,其主要涵盖中国的社会性质、发展阶段、社会主要矛盾等基本要素;就中国具体实践而言,其在狭义和微观层面指的是中国正在进行的事情,在广义和宏观层面指的是新民主主义与社会主义革命实践、社会主义建设实践、改革开放实践等中国具体实践的谱系与脉络;就中国历史文化而言,其包括中国古代史、中国近现代史、中国共产党历史、新中国史与改革开放史,以及在此基础上生长起来的中华优秀传统文化、革命文化、社会主义先进文化等精神成果。在紧密结合中国具体实际的前提下,马克思主义才能够对中国之问和世界之问作出符合中国实际和时代要求的正确回答,得出符合客观规律的深刻认识,继而在实践、认识、再实践、再认识循环往复的过程中实现发展创新。

(二)坚持和发展马克思主义,必须同中华优秀传统文化相结合

如前所述,中华优秀传统文化内在地构成了中国具体实际的重要组成部分,是马克思主义发展创新的重要文化源泉。随着世界百年未有之大变局加速演进,文化在综合国力竞争中的地位越来越突出,中华优秀传统文化涵盖的"责任先于权力""义务先于自由""和谐高于冲突"等精神特质为解决世界现代化发展难题作出了原创性贡献,马克思主义中国化时代化的理论叙事逐渐由"一个结合"转化为"两个结合"。事实上,就马克思主义本身而言,其实现发展创新不仅要"办中国的事",更要"讲中国的话",否则始终不能撕下"外来文化"的标签,无法建立起同中国具体实际的本质关联。

一方面,作为根植于西方文化传统的思想体系,"只有根植本国、本民族历史文化沃土,马克思主义真理之树才能根深叶茂"[①]。从内容上看,中华优秀传统文化是中华文明的智慧结晶,其中蕴含的天下为公、民为邦本、为政

---

① 习近平:《高举中国特色社会主义伟大旗帜 为全面建设社会主义现代化国家而团结奋斗——在中国共产党第二十次全国代表大会上的报告》,人民出版社,2022年,第18页。

以德等内容是中国人民在长期生产生活中积累的宇宙观、天下观、社会观、道德观的重要体现,同科学社会主义核心价值观主张具有高度契合性,这也为马克思主义基本原理同中华优秀传统文化相结合创造了条件。从形式上看,"理论一经掌握群众,也会变成物质力量"①,马克思主义只有以中国人民所喜闻乐见的形式呈现出来,彰显出鲜明的中国风貌,才能真正调动广大人民群众的积极性和主动性,推进实践基础上的理论创新。

另一方面,具有鲜明"后现代"特征的马克思主义在中国的软着陆需要一种与之心灵相通的前现代文化元素来接引,从而达到中和位育的效果,中华优秀传统文化充分契合了马克思主义发展创新的这一需求。马克思主义虽然建基于对资本主义社会(现代社会)的深入批判之上,主张"在自己的发展进程中要同传统的观念实行最彻底的决裂"②,但并不是文化虚无主义。相反,前现代的中华优秀传统文化与"后现代"的马克思主义"存在着否定之否定意义上的某种一致性"③。马克思主义基本原理同中华优秀传统文化相结合,既能够确保马克思主义的发展创新始终沿着正确的方向行进,又能够从中华优秀传统文化中开掘出源源不断的文化资源,从而为这一过程提供丰厚养料。尤为重要的是,中华优秀传统文化是历史沉淀下来的中国具体实际,这就使马克思主义在同中华优秀传统文化深入结合的过程中能够从更加宏阔深远的历史纵深来审视中国具体实际,更加精准地抓住中国社会主要矛盾,引导中国具体实践,从而为自身的发展创新汇聚不竭动力。

(三)马克思主义中国化时代化"两个结合"的内在逻辑

"两个结合"是马克思主义发展创新的必由之路,就马克思主义基本原理同中国具体实际相结合(以下简称"第一个结合")与马克思主义基本原理

---

① 《马克思恩格斯选集》(第一卷),人民出版社,2012年,第9页。
② 《马克思恩格斯选集》(第一卷),人民出版社,2012年,第421页。
③ 何中华:《马克思与孔夫子:一个历史的相遇》,中国人民大学出版社,2021年,第33页。

同中华优秀传统文化相结合(以下简称"第二个结合")的关系而言,虽然从逻辑上可以将二者归纳为从属关系、并列关系或递进关系,①但"两个结合"并不是"一个结合"的简单延续和演化,而是被赋予了新的时代内涵,这使得"两个结合"有着更为深刻的辩证统一关系。

首先,"第一个结合"与"第二个结合"既相互联系又相互区别。一方面,"第一个结合"与"第二个结合"在方向、目标、任务层面具有高度一致性。二者都沿着马克思主义中国化时代化的方向稳步推进,都聚焦解决中国社会主要矛盾的现实目标,都致力于完成实现中华民族伟大复兴的根本任务。另一方面,"第一个结合"与"第二个结合"又具有不同的侧重点。"第一个结合"侧重于理论和实践的相互关联,强调的是马克思主义是实践的行动指南,不能照抄照搬,而要立足中国具体实际,运用马克思主义的立场观点方法去分析解决中国社会发展的重大问题;"第二个结合"侧重于思想文化的内在融通,既强调马克思主义的发展创新必须从中华优秀传统文化中汲取营养,必须获得契合中华民族文化心理结构的话语形式,又强调传承中华优秀传统文化必须坚持马克思主义指导地位,运用马克思主义的世界观和方法论去挖掘潜藏在漫长深厚的中华优秀传统文化中的宝贵资源。

其次,"第一个结合"与"第二个结合"既相互促进又相互转化。一方面,"第一个结合"与"第二个结合"相互促进。"第一个结合"不仅为全面准确把握中国具体实际,特别是中国社会的历史方位、主要矛盾、根本任务等提供了科学的理论指导,推动中华民族实现了从站起来、富起来到强起来的伟大飞跃,而且提出了科学认识和对待中华优秀传统文化的实践要求,为"第二个结合"奠定了坚实的基础,开辟了广阔的空间。"第二个结合"突出了中华优秀传统文化在中国具体实际中的地位和作用,拓展了"第一个结合"的历史纵深,积聚了"第一个结合"的文化动力。另一方面,"第一个结合"与"第

---

① 刘建军:《论马克思主义基本原理同中华优秀传统文化相结合》,《中国人民大学学报》,2021年第6期。

二个结合"相互转化。"两个结合"之间的相互转化反映的是理论向实践的转化和实践向理论的升华,是历史向现实的转化和现实对历史的超越。在"第一个结合"过程中,当马克思主义对中国具体实际的把握需要深入至文化层面之时,当社会主要矛盾的解决需要从民族传统文化中汲取精神力量之时,"第一个结合"随即转化为了"第二个结合"。在"第二个结合"过程中,当中华优秀传统文化需要融入新的时代性内涵之时,当中华优秀传统文化的现代转型需要经由实践环节的确证之时,"第二个结合"相应转化为了"第一个结合"。

二、"两个结合"辩证统一于马克思主义中国化时代化的实践过程

　　一部百余年党史就是一部不断践行"两个结合",推进马克思主义中国化时代化的理论创新史。"两个结合"贯穿于马克思主义中国化时代化的各个历史时期与重大理论创新成果之中,形塑了马克思主义中国化时代化的演进路径与发展轨迹,为新时代继续开辟马克思主义中国化时代化新境界提供了重要遵循。

(一)新民主主义革命时期"两个结合"的初步探索

　　"两个结合"的科学命题,是习近平在新时代提出的,但"两个结合"的过程,在中国共产党成立前后就已初露端倪。随着五四运动后期马克思主义在中国得到广泛传播,以李大钊为代表的早期中国共产党人意识到,应当把马克思主义"尽量应用于环绕着他的实境","竭力向实际运动的方面努力去

作,都是对的,都是有效果的"。①毋庸置疑,"实境""实际运动"涵盖了中国具体实际和中华优秀传统文化,因此这一观点可以看作"两个结合"思想的雏形。

中国共产党成立后,由于革命形势的紧迫,虽然尚无条件立即实现对"两个结合"的理论自觉,但实际上已经开始了对"两个结合"的实践探索。这一过程表征为运用马克思主义观察和研究中国实际,同时以这种认识为指导开展革命运动、改造中国社会。毛泽东曾回忆说,自从其在1920年看了考茨基著的《阶级斗争》、陈望道翻译的《共产党宣言》和一个英国人作的《社会主义史》,"才知道人类自有史以来就有阶级斗争,阶级斗争是社会发展的原动力,初步地得到认识问题的方法论。可是这些书上,并没有中国的湖南、湖北,也没有中国的蒋介石和陈独秀。我只取了它四个字:'阶级斗争',老老实实地来开始研究实际的阶级斗争"②。"实际的阶级斗争"即中国具体实际的重要内容,正是由于党更多地学会了将马克思主义基本原理同中国革命的实践相结合,才能够从根本上肃清教条主义的错误思想,从中国实际出发,开辟农村包围城市、武装夺取政权的革命道路,才能够建立起抗日民族统一战线,赢得抗日战争的伟大胜利,才能够调动最广大人民的积极性和主动性,取得新民主主义革命的伟大胜利。

1938年,毛泽东在党的六届六中全会上明确提出了"马克思主义中国化"论断,强调"把马克思主义应用到中国具体环境的具体斗争中去"③,在关于如何认识和处理中华优秀传统文化的问题上,毛泽东主张:"从孔夫子到孙中山,我们应当给以总结,我们要承继这一份珍贵的遗产"④,即实现中华优秀传统文化的马克思主义化。在随后的延安整风运动中,毛泽东通过《改

---

①　《李大钊全集》(第三卷),人民出版社,2006年,第2~3页。
②　《毛泽东文集》(第二卷),人民出版社,1993年,第379页。
③　《建党以来重要文献选编(1921—1949)》(第15册),中央文献出版社,2011年,第651页。
④　《建党以来重要文献选编(1921—1949)》(第15册),中央文献出版社,2011年,第651页。

造我们的学习》《整顿党的作风》《反对党八股》等一系列文章详尽阐述了这一思想,使其成为全党的共识。党的七大通过的党章明确规定:"中国共产党,以马克思列宁主义的理论与中国革命的实践之统一的思想——毛泽东思想,作为自己一切工作的指针。"这标志着作为原则的"第一个结合"①在全党的正式确立,中国共产党实现了对马克思主义理论自觉的重大提升。

(二)社会主义革命和建设时期"两个结合"的深入拓展

新中国成立后,如何实现从新民主主义到社会主义的转变成为一个全新的历史性课题。中国共产党根据党在革命时期通过"两个结合"成功开辟中国革命道路的宝贵经验,继续推进和拓展"两个结合",取得了丰硕成果。

首先,在对农业、手工业和资本主义工商业的社会主义改造中,中国共产党坚持从农民的实际情况出发,通过宣传教育和典型示范,引导农民走上合作化道路;正确分析民族资产阶级同工人阶级之间的矛盾,采用和平赎买的手段将生产资料收归国有,顺利实现了从新民主主义社会向社会主义社会的过渡。

其次,以毛泽东同志为主要代表的中国共产党人提出把马克思列宁主义基本原理同中国具体实际第二次结合,探寻适合中国国情的社会主义道路的观点。面对苏联模式的弊端,毛泽东指出:"现在是社会主义革命和建设时期,我们要进行第二次结合,找出在中国怎样建设社会主义的道路"②,要求全党实事求是,走出一条适合中国国情的社会主义道路。在这一思想指导下,中国共产党从经济、政治、文化、社会等诸多方面展开了对社会主义建设的探索,形成了《论十大关系》《关于正确处理人民内部矛盾的问题》等

---

① 虽然这一阶段以毛泽东为代表的中国共产党人作出的论断是"马克思列宁主义的理论和中国革命的实践相结合",不同于"第一个结合"的表述,但这是具体历史条件的产物,这一论断无疑也体现了"第一个结合"的思想。同时,"第二个结合"亦涵盖在这一论断之内。

② 中共中央文献研究院编:《毛泽东年谱(一九四九——一九七六)》(第二卷),中央文献出版社,2013年,第557页。

马克思主义中国化时代化的重要理论成果。在批判继承中华优秀传统文化问题上,以毛泽东同志为主要代表的中国共产党人重申了"马列主义的基本原理在实践中的表现形式,各国应有所不同"的观点,同时强调要实现中西文化的结合,"我们应该在中国自己的基础上,批判地吸收西洋有用的成分。吸收外国的东西,要把它改变,变成中国的"①。简言之,在坚持马克思主义根本指导地位的前提下,运用"古今中外法",实现马克思主义、中华优秀传统文化、外来优秀文化的综合创新,助力中国的社会主义建设。总而言之,这一时期,中国共产党通过"两个结合"对社会主义建设道路进行了开创性探索,在理论和实践层面取得了重要进展。

(三)改革开放和社会主义现代化建设新时期"两个结合"的创新发展

改革开放以来,中国共产党深刻总结我国社会主义革命和建设正反两方面的经验教训,将"两个结合"的基本原则和实践要求贯穿于中国特色社会主义理论创新和实践创造的全部过程、各个方面和所有环节,实现了马克思主义中国化时代化的与时俱进。邓小平在党的十一届三中全会上,重新确立了解放思想、实事求是的思想路线,排除马克思主义中国化时代化进程中的错误干扰,为接续推进"两个结合"奠定了重要思想基础。面对生产力落后的现实状况,中国共产党人果断"把马克思主义的普遍真理同我国的具体实际结合起来,走自己的道路,建设有中国特色的社会主义"②。坚持从中华优秀传统文化中汲取经验智慧,结合社会主义初级阶段的基本国情,擘画了以"小康社会"为目标的现代化蓝图。协同推进社会主义物质文明建设和精神文明建设,提出"属于文化领域的东西,一定要用马克思主义对它们的

① 《毛泽东文集》(第七卷),人民出版社,1999年,第83页。
② 《邓小平文选》(第三卷),人民出版社,1993年,第3页。

思想内容和表现方法进行分析、鉴别和批判"①,通过"两个结合"为"中国式的现代化"汇聚起源源不断的精神动力。

21世纪以来,中国共产党在坚持推进马克思主义中国化时代化的基础上,立足时代发展要求,着眼于国内国外形势的深刻变化,结合马克思主义关于社会主义经济建设的思想内容,进一步深化经济体制改革,着力解决我国经济社会发展中的深层次难题,为我国经济发展扫除了体制性障碍,为马克思主义中国化增添了新的动力。与此同时,中国共产党着力推进中国特色社会主义文化大发展大繁荣,提出要用科学的态度对待民族传统文化,将有价值的传统文化同党的优良传统、革命精神及社会主义时代精神有机结合起来,创造出崭新的中国特色社会主义文化。江泽民明确指出:"中国化了的马克思主义,既体现了马克思列宁主义的基本原理,又包含了中华民族的优秀思想和中国共产党人的实践经验。"②胡锦涛在强调不断取得马克思主义基本原理同中国具体实际相结合的新进展的同时,特别指出要使中国传统文化"与当代社会相适应、与现代文明相协调,保持民族性,体现时代性"③。可以看出,这些重要论断所表达的思想内核与精神实质,都蕴含着坚持"两个结合"的思想意蕴,助力中华民族实现了从站起来到富起来的伟大飞跃。

(四)中国特色社会主义新时代"两个结合"的继续推进

新时代以来,我国面貌发生根本改变,为顺利实现全面建成社会主义现代化强国,以中国式现代化全面推进中华民族伟大复兴的中心任务,持续践行"两个结合"显得尤为重要。在庆祝中国共产党成立100周年大会上的讲话中,习近平指出:"坚持把马克思主义基本原理同中国具体实际相结合、同

① 《邓小平文选》(第三卷),人民出版社,1993年,第44页。
② 《江泽民文选》(第三卷),人民出版社,2006年,第270页。
③ 《胡锦涛文选》(第二卷),人民出版社,2016年,第640~641页。

中华优秀传统文化相结合,用马克思主义观察时代、把握时代、引领时代,继续发展当代中国马克思主义、21世纪马克思主义。"①将中华优秀传统文化置于前所未有的历史高度加以审视,彰显了中华民族高度的历史自信和文化自信。一方面,立足新时代的崭新历史方位,中国共产党锚定人民日益增长的美好生活需要和不平衡不充分的发展之间的矛盾,发扬历史主动精神,将"第一个结合"推进到了新的高度。为着力解决好不平衡不充分的发展的问题,满足人民对美好生活的需求,中国共产党运用马克思主义的世界观和方法论观察、解读和引领时代,以中国具体实际为出发点对重大理论和实践问题进行科学研判,围绕新时代坚持和发展中国特色社会主义、建设社会主义现代化强国、建设长期执政的马克思主义政党等重大课题,提出一系列具有系统性、原创性的概念和战略,推动党和国家事业取得历史性成就、发生历史性变革,创立了习近平新时代中国特色社会主义思想,开辟了马克思主义中国化时代化新境界。

另一方面,立足五千年中华文明根脉,中国共产党将中华文化和中国精神的时代精华浸润在新时代中国特色社会主义实践中,将"第二个结合"推进到了新的高度。党的十八大以来,习近平反复强调中华优秀传统文化是中华民族的"根"和"魂",以中华优秀传统文化中蕴含的为政以德、以民为本、正己正人等政治智慧补益治国理政实践,以修身、尚义、明礼等价值理念润泽社会主义核心价值观培育,以爱国主义、团结统一、爱好和平等民族精神聚合海内外中华儿女的向心力,为实现第二个百年奋斗目标提供了强大精神动力。在这一过程中,中华优秀传统文化实现了创造性转化、创新性发展,在同马克思主义深入结合中造就了一个文化生命体,既让马克思主义成为中国的,也让中华优秀传统文化成为现代的,让经由"结合"而形成的新文化成为中国式现代化的文化形态,拓展了中国特色社会主义道路的历史纵

---

① 习近平:《在庆祝中国共产党成立100周年大会上的讲话》,《人民日报》,2021年7月2日。

深,筑牢了中国式现代化的中华文明根基,让我们能够在更广阔的文化空间中,充分运用中华优秀传统文化的宝贵资源,探索面向未来的理论和制度创新。2023年6月2日,在文化传承发展座谈会上,习近平指出:"在新的起点上继续推动文化繁荣、建设文化强国、建设中华民族现代文明,是我们在新时代新的文化使命"①,赋予了"第二个结合"以全新的时代内涵,彰显了"第二个结合"之于推进马克思主义中国化时代化的重大价值作用。

三、在"两个结合"中不断开辟马克思主义中国化时代化新境界

实践无止境,理论创新也无止境。以史为鉴,"两个结合"为党持续推进马克思主义理论创新汇聚了根本动力;开创未来,必须系统总结"两个结合"的历史经验,深刻领悟"两个结合"的思想精髓,熟练掌握"两个结合"的科学方法,奋力开辟马克思主义中国化时代化新境界。

(一)系统总结"两个结合"的历史经验,增强开辟马克思主义中国化时代化新境界的历史自觉和行动自觉

善于总结历史经验是中国共产党的优良传统,深刻认识党坚持推进"两个结合"的历史经验,对于增强开辟马克思主义中国化时代化新境界的历史自觉和行动自觉具有重大意义。

首先,必须坚持中国共产党领导。"中国特色社会主义最本质的特征是

---

① 《习近平在文化传承发展座谈会上强调 担负起新的文化使命 努力建设中华民族现代文明》,《人民日报》,2023年6月3日。

中国共产党领导,中国特色社会主义制度的最大优势是中国共产党领导。"①中国共产党是推进"两个结合"的主体,马克思主义之所以能够同中国具体实际和中华优秀传统文化相结合,根本在于中国共产党是具有先进性的马克思主义政党,坚持党的领导是"两个结合"得以实现的根本政治基础。

其次,必须坚持高度的文化自信。"文化自信是一个国家、一个民族发展中最基本、最深沉、最持久的力量"②,只有秉持高度的文化自信,充分明确作为中华民族智慧结晶的中华优秀传统文化之于建设社会主义文化强国的重要战略地位,将中华优秀传统文化的精华同马克思主义的思想精髓贯通起来、同人民群众日用而不觉的共同价值观念融通起来,才能不断赋予科学理论鲜明的中国特色,不断夯实马克思主义中国化时代化的历史基础和群众基础,让马克思主义在中国牢牢扎根。

再次,必须根植新时代中国特色社会主义的伟大实践。马克思主义始终根植于实践、服务于实践并经受实践检验,具有鲜明实践品格。在一定意义上,通过"两个结合"不断推进马克思主义中国化时代化的进程,同时也是以马克思主义不断破解实际问题,释放思想力量并以崭新的理论内涵指引实践发展的过程。新征程上,要坚持"两个结合"、继续与时俱进地推动马克思主义中国化时代化,就必须始终扎根新时代中国特色社会主义伟大实践,在实践中积聚推动"两个结合"的现实力量。

然后,必须坚持问题导向。"问题是时代的声音,回答并指导解决问题是理论的根本任务。"③在推进"两个结合"的历史进程中,中国共产党始终坚持问题导向,注重运用马克思主义回答和解决不同历史时期面临的重大问题,由此逐渐丰富和完善马克思主义中国化时代化理论成果的内容。新征程

---

① 习近平:《高举中国特色社会主义伟大旗帜 为全面建设社会主义现代化国家而团结奋斗——在中国共产党第二十次全国代表大会上的报告》,人民出版社,2022年,第6页。
② 《习近平谈治国理政》(第四卷),外文出版社,2022年,第103页。
③ 习近平:《高举中国特色社会主义伟大旗帜 为全面建设社会主义现代化国家而团结奋斗——在中国共产党第二十次全国代表大会上的报告》,人民出版社,2022年,第20页。

上,推进"两个结合"必须聚焦党和国家事业面临的一系列亟待解决的新的重大问题,有的放矢地为继续推进马克思主义中国化时代化创造条件。

最后,必须坚持人民至上的价值立场。"党的理论是来自人民、为了人民、造福人民的理论,人民的创造性实践是理论创新的不竭源泉。"①"两个结合"必须始终坚持人民至上的价值逻辑分析和解决问题,将党性和人民性、人民物质需求和精神需要、普惠中国人民和世界人民有机统一起来,为实现最广大人民的根本利益进一步推进党的理论创新。

(二)深刻领悟"两个结合"的思想精髓,凝聚开辟马克思主义中国化时代化新境界的精神力量

"两个结合"是富有新意和深意的理论论断,为我们准确把握新时代马克思主义中国化时代化的理论创新逻辑提供了根本遵循。只有抓住"两个结合"的要旨,领悟其中的思想精髓,才能凝聚起开辟马克思主义中国化时代化新境界的精神力量。

首先,"两个结合"是"第一个结合"与"第二个结合"的相互交织,其中,"第一个结合"是马克思主义中国化时代化的基础与核心,是统领"第二个结合"及其他方面结合的总原则、总要求。②这既是因为实践在马克思主义理论中起到基础性和决定性的作用,更是因为只有通过"第一个结合"科学认识和把握中国的基本国情,才能为推进马克思主义中国化时代化找准切入点,继而打开理论创新的广阔空间。"第二个结合"是马克思主义中国化时代化的关键和焦点,是形塑马克思主义的中国风格、中国气派和中国作风的本质规定。一方面,文化一直是"无形胜有形"地深深扎根于经济政治社会领

---

① 习近平:《高举中国特色社会主义伟大旗帜　为全面建设社会主义现代化国家而团结奋斗——在中国共产党第二十次全国代表大会上的报告》,人民出版社,2022年,第19页。
② 张传平:《"两个相结合":新时代马克思主义中国化理论的原创性贡献及其世界历史意义》,《南京社会科学》,2021年第12期。

域之中,同时,文化对经济社会发展的影响不是单向线性的,而是呈现作用与反作用的辩证关系。另一方面,中华传统文化是中华民族五千多年文明历史的深层积淀,只有充分发挥马克思主义的"批判功能",从中遴选出与现代社会相协调的内容,并将其融入实践,才能够切实推进马克思主义中国化时代化的理论创新。

其次,"两个结合"是习近平新时代中国特色社会主义思想的重要内容,必须将其置于习近平新时代中国特色社会主义思想所架构的四梁八柱中加以审视。正如有学者指出的,"在理论方面,坚持'两个结合'是创立习近平新时代中国特色社会主义思想的根本途径;习近平新时代中国特色社会主义思想是坚持'两个结合'的根本成就。在实践方面,中国特色社会主义进入新时代,是坚持'两个结合'的实践成果,同时又是提出'两个结合'、实现'结合'理论飞跃的实践基础、时代背景"[①]。正因如此,在"两个结合"中不断开辟马克思主义中国化时代化新境界,必须将其与坚持和加强党的领导、与实现社会主义现代化和中华民族伟大复兴、与解决人民日益增长的美好生活需要和不平衡不充分的发展之间的矛盾、与推进"五位一体"总体布局和"四个全面"战略布局、与实现全面深化改革总目标、与全面推进依法治国、与坚持和完善社会主义基本经济制度、与实现新时代强军目标、与推进中国特色大国外交、与推进全面从严治党紧密联系起来,用实践基础上的理论创新充分诠释习近平新时代中国特色社会主义思想是当代中国马克思主义、二十一世纪马克思主义,是中华文化和中国精神的时代精华。

(三)熟练掌握"两个结合"的科学方法,明确开辟马克思主义中国化时代化新境界的致思路径

"两个结合"是马克思主义中国化时代化理论创新和实践创新的内生需

---

① 田心铭:《从"结合"的探索到"两个结合"原则的确立》,《政治学研究》,2022年第6期。

求,凸显了新时代中国共产党人高度的理论自觉和方法自信。事实上,"两个结合"探索、解决的主要是方法论问题。①首先,在"两个结合"中不断开辟马克思主义中国化时代化新境界,必须立足"理论—实践—文化"三位一体的叙事框架和理论样态。马克思主义基本原理、中国具体实际和中华优秀传统文化共同构成一个有机的整体,只有三者处于"安所遂生"的平衡状态,这一有机整体的结构才能最优化,才能最大限度地释放出理论能量。具体而言,马克思主义是始终居于主导地位的精神内核,中国具体实际、中华优秀传统文化的发展方向只能由它来引领。就此而言,"两个结合"实则是用马克思主义去结合中国具体实际和中华优秀传统文化,是要用马克思主义的概念框架、思维方式和价值立场破解中国社会发展的现实问题,同时不断实现马克思主义对自身的扬弃和超越。由此也可以理解,为什么说"当代中国的伟大社会变革,不是简单延续我国历史文化的母版,不是简单套用马克思主义经典作家设想的模板,不是其他国家社会主义实践的再版,也不是国外现代化发展的翻版"②。中华优秀传统文化是衔接马克思主义与中国具体实际的文化纽带,中华优秀传统文化既构成中国人认识、理解和运用马克思主义的"前见",也成为马克思主义扎根中国的文化土壤,在此基础上,"两个结合"才能内化为建设中华民族现代文明的过程,担负起新时代新的文化使命。中国具体实际是马克思主义在中国落地生根的着力点,马克思主义的真理性、价值性、人民性、科学性等特质在其历史性地改造中国社会的过程中得以完满呈现。

其次,在"两个结合"中不断开辟马克思主义中国化时代化新境界,必须根植"一本两基"的内在机理和理论定位。"一本"即以马克思主义基本原理为"根本","两基"即以中国具体实际为"基石",以中华优秀传统文化为"基

---

① 李珍:《深刻理解"两个结合"的重大意义》,《党的文献》,2023年第2期。
② 《中共中央关于党的百年奋斗重大成就和历史经验的决议》,人民出版社,2021年,第67页。

因"。①"两个结合"既要"固本",也要"强基"。"固本"的实践路径,是协同推进马克思主义的中国化和时代化。没有中国化,马克思主义就始终是格格不入的"他者";没有时代化,马克思主义就只能是毫无生机的教条。"强基"的实践路径,一方面要针对实践,围绕以中国式现代化全面推进中华民族伟大复兴的中心任务持续推进"两个结合";另一方面要针对文化,通过创造性转化和创新性发展推动中华优秀传统文化实现现代转型。总而言之,夯实马克思主义中国化时代化的实践根基和文化根基,将马克思主义的理论创新推向新的高度。

---

① 徐奉臻:《"两个结合"的历史贡献及实践要求》,《哲学动态》,2022年第11期。

第七章

习近平新时代中国特色社会主义思想的世界观和方法论是马克思主义中国化时代化的最新哲学成果

　　党的二十大报告指出："继续推进实践基础上的理论创新,首先要把握好新时代中国特色社会主义思想的世界观和方法论,坚持好、运用好贯穿其中的立场观点方法。"①"六个必须坚持"是对习近平新时代中国特色社会主义思想世界观和方法论的集中概括和凝练表达,它将我们对这一思想的认识提升到哲学层面,书写了当代中国马克思主义哲学、二十一世纪马克思主义哲学的最新篇章。深入学习领会习近平新时代中国特色社会主义思想的世界观和方法论背后蕴含的道理学理哲理,对于我们继续推进实践基础上的理论创新、不断谱写马克思主义中国化时代化新篇章具有重要的理论与现实意义。

---

　　① 习近平:《高举中国特色社会主义伟大旗帜 为全面建设社会主义现代化国家而团结奋斗——在中国共产党第二十次全国代表大会上的报告》,人民出版社,2022年,第18~19页。

一、习近平新时代中国特色社会主义思想的世界观和方法论是中国化时代化马克思主义哲学的创新成果

中国共产党人在不断推进马克思主义哲学中国化时代化的历史进程中,始终坚持把马克思主义基本原理同中国具体实际和时代特征相结合,始终运用马克思主义科学的世界观和方法论研究解决一系列重大理论和现实问题,形成了具有本土化时代化内涵和风格的中国化时代化马克思主义哲学。习近平新时代中国特色社会主义思想的世界观和方法论是中国化时代化马克思主义哲学最新成果的集中表达,是对"行"的马克思主义哲学的创新发展,是党的宝贵哲学财富。

(一)习近平新时代中国特色社会主义思想是对马克思主义世界观和方法论的时代创新

哲学从总体上探讨了世界的一般本质和普遍规律,是人类理论思维的最高形式,是系统化、理论化的世界观和方法论。马克思主义实现了哲学史的伟大变革,它批判地吸收了19世纪上半期乃至人类思想发展全部历史中最优秀的思想成果,克服了旧哲学中唯心主义和形而上学的局限性,在哲学发展史上首次将唯物主义和辩证法结合起来,并把唯物主义对自然界的认识扩展到对人类社会的认识,第一次系统地揭示了人类社会发展的一般规律,从而使这一新的世界观具有高度的理论上的科学性;而且这种理论上的科学性,完全建立在那一时代资本主义发展的现实基础之上,是当时最先进阶级的意识形态的反映,是革命的无产阶级科学的世界观和方法论。

马克思主义的世界观和方法论就是辩证唯物主义和历史唯物主义,它

"是马克思主义立场、观点、方法的集中体现"①,是中国共产党人观察世界、引领时代、指导实践的"望远镜"和"显微镜",是党解决新时代重大理论和实践问题的哲学武器。作为凝结时代精华、闪耀真理光辉的当代中国马克思主义、二十一世纪马克思主义,习近平新时代中国特色社会主义思想高度弘扬与时俱进的理论品格,将马克思主义的世界观和方法论运用到新时代治国理政的各个方面,为丰富和发展马克思主义哲学作出了原创性贡献。

首先,这一思想坚持人民至上,体现了唯物史观关于人民群众是历史的创造者的原理。"为了谁、依靠谁、我是谁"是唯物史观的总开关,人民至上充分体现了历史唯物主义的基本立场,也是贯穿于习近平新时代中国特色社会主义思想的一条红线。无论是打赢脱贫攻坚战、全面建成小康社会,还是坚持"人民至上、生命至上",都充分彰显了中国共产党人民至上的价值追求,也体现了这一思想"以百姓心为心"的真挚情怀和"依靠人民创造历史伟业"的博大境界。

其次,这一思想坚持实事求是,体现了世界的物质统一性与认识和实践的辩证统一原理。辩证唯物主义强调世界统一于物质,认识来源于实践,要求我们必须树立实事求是的思想方法与工作方法。习近平牢牢掌握实事求是这一马克思主义活的灵魂,强调"调查研究是谋事之基、成事之道"②,是"从物到感觉和思想"的唯物主义认识路线的具体体现,是一切从实际出发、研究和解决问题的中心一环。党的十八大以来,中国共产党人坚持调查研究,不驰于空想,不骛于先声,提出了一系列重要的新论断和新理念。从贯彻新发展理念到构建新发展格局,从社会主要矛盾转换到进入新发展阶段,从全面建成小康社会到全面建设社会主义现代化国家等,无不来自我们党

①　习近平:《坚持历史唯物主义不断开辟当代中国马克思主义发展新境界》,《求是》,2020年第2期。

②　中共中央党史和文献研究院编:《习近平关于力戒形式主义官僚主义重要论述摘编》,中央文献出版社,2020年,第89页。

对"实事"的全面掌握和对"求是"的坚定追求。

最后,这一思想发扬斗争精神,体现了矛盾的同一性和斗争性辩证统一的原理。马克思认为社会是在矛盾运动中前进的,矛盾即对立统一,同一性和斗争性是矛盾的两种基本属性,斗争性是矛盾的重要方面,斗争是推动事物发展的动力。敢于斗争、善于斗争是中国共产党人的鲜明品格。党的十八大以来,党在大是大非面前敢于亮剑,在歪风邪气面前敢于坚决斗争,带领人民推动扫黑除恶专项斗争取得阶段性成果、反腐败斗争取得压倒性胜利、污染防治攻坚战向纵深推进……经受住了来自各方面的风险挑战考验,党和国家事业实现整体性推进。总之,"六个必须坚持"作为对习近平新时代中国特色社会主义思想的哲学升华和思想精髓,它赋予了辩证唯物主义和历史唯物主义以新的时代内涵,光大了马克思主义哲学的实践性品格,将马克思主义哲学的创造性运用提升到一个新的境界,为中国共产党治国理政提供了强大的精神力量,发挥了改造世界的真理伟力。

(二)习近平新时代中国特色社会主义思想是对中国化时代化马克思主义世界观和方法论的坚持运用

党的百余年奋斗重大成就表明:中国共产党能,中国特色社会主义好,归根到底是马克思主义行,是中国化时代化马克思主义行,是中国化时代化马克思主义的世界观和方法论行。中国共产党自成立之日就担负起推进马克思主义世界观和方法论中国化时代化的历史使命,坚持把马克思主义世界观和方法论同中国具体实际和时代特征相结合,分析和解决中国革命、建设和改革的重大问题,创立并形成了具有鲜明民族特色和时代特征的中国化时代化马克思主义世界观和方法论。中国化时代化马克思主义世界观和方法论凝结了对中国问题的哲学反思,是对中国实践经验与巨大成就的哲学总结和升华,是顺应时代变化、深植伟大实践的重大理论创新。习近平新时代中国特色社会主义思想作为中国化时代化马克思主义的最新理论形态,它坚持和运用了毛泽东思想的"活的灵魂"和中国特色社会主义理论体系的世界观和方法论,它们共同构成了具有中国共产党人特色的立场、观点、方法,既一脉相承、又与时俱进。

中国共产党的思想路线是中国化时代化马克思主义世界观和方法论的精髓,是正确制定和贯彻无产阶级政党的政治路线和各项方针政策的根本立足点,是确保党和国家事业沿着正确方向前进的科学指南。实事求是的思想路线是革命战争时期中国共产党人与教条主义等错误思想倾向作斗争的过程中提出并确立的。1929年毛泽东在给林彪写的一封信中第一次使用了"思想路线"①这一概念。1930年他在《反对本本主义》中指出,本本主义"是完全错误的,完全不是共产党人从斗争中创造新局面的思想路线"②,初步界定了中国共产党人思想路线的核心内涵。1937年毛泽东在《矛盾论》和《实践论》这两篇哲学著作中,深刻论述了实践对理论的决定性作用,以及矛盾的普遍性和特殊性辩证关系原理,对党的思想路线作了系统的哲学论证。1941年他在《改造我们的学习》中强调要用实事求是的态度对待马克思列宁主义,并对实事求是的科学含义作了马克思主义的界定,进而将其提升至党性的高度。1945年党的七大上实事求是的思想路线在全党得到了确立。1981年党的十一届六中全会中指出实事求是、群众路线、独立自主是贯穿于毛泽东思想理论体系的立场、观点、方法,是最能体现其精神本质的思想内容,即这一思想活的灵魂。毛泽东思想的活的灵魂是中国共产党人将"马克思主义的宇宙观与社会观——辩证唯物论与历史唯物论"③运用到中国革命和建设实践中所形成的具有中国共产党人鲜明特色的立场、观点、方法,是马克思主义中国化时代化第一次历史性飞跃的哲学成果的集中概括,是中国共产党哲学思想发展史的开端,同时也为中国化时代化马克思主义世界

① 《毛泽东文集》(第一卷),人民出版社,1993年,第74页。
② 《毛泽东选集》(第一卷),人民出版社,1991年,第116页。
③ 《刘少奇选集》(上卷),人民出版社,1981年,第334页。

观和方法论的形成与发展奠定了理论基调。

改革开放以后，以邓小平同志为主要代表的中国共产党人突破了教条主义和本本主义的束缚，以彻底唯物主义的科学态度重申实践是检验真理的唯一标准，反复强调实事求是是马克思主义的精髓，也是毛泽东思想的精髓，并将"解放思想、实事求是"重新确立为党的指导思想，实现了思想上的拨乱反正，赋予了党的思想路线以马克思主义世界观和方法论的深刻内涵。邓小平理论、"三个代表"重要思想和科学发展观面临着共同的时代课题和历史任务，都立足改革开放和社会主义现代化建设的伟大实践，都坚持中国特色社会主义这个主题，都坚持辩证唯物主义和历史唯物主义的立场、观点、方法，都坚持马克思主义实事求是的思想路线，都坚持最广大人民的根本利益，在理论主题、思想基础和根本立场上一以贯之，从理论和实践结合中系统回答了如何建设、巩固和发展社会主义的重大历史性问题，形成了以解放思想、实事求是、与时俱进、求真务实为精神实质的新时期中国共产党人的立场、观点、方法，实现了党的指导思想的又一次与时俱进和历史性飞跃。

中国特色社会主义进入新时代，中国共产党人继续坚持和发展马克思主义的思想路线，紧密结合新的历史方位和主要矛盾，不断拓展中国特色社会主义实践，总结实践经验，实现理论升华，创立了习近平新时代中国特色社会主义思想。"六个必须坚持"是对这一思想的理性提升和哲学总结，是贯穿于其中各个组成部分的立场、观点、方法，它是对毛泽东思想的"活的灵魂"和中国特色社会主义理论体系的世界观和方法论的丰富和发展，书写了当代中国马克思主义哲学的最新篇章，是引领中国、影响世界的当代21世纪马克思主义哲学。

（三）世界观和方法论的阐述是对习近平新时代中国特色社会主义思想的哲学升华

哲学发展有其自身的规律，它是一定时代的实践经验和认识成果在观念形态的集中反映,是自己时代的精神上的精华。当今世界正处于大发展大变革大调整时期,当代中国正经历着我国历史上最为广泛而深刻的社会变革,也正在进行着人类历史上最为宏大而独特的实践创新,这为反映新时代实践要求和时代特征的哲学创造提供了强大动力和广阔空间。习近平新时代中国特色社会主义思想立足新时代的历史方位,将马克思主义理论与实践置于21世纪的时代坐标中,运用辩证唯物主义和历史唯物主义的哲学思维来把握中国发展和世界走向,既部署"过河"的任务,又指导解决"桥或船"的问题,是科学的世界观和方法论的有机统一,闪烁着极其丰富的哲学光芒。

　　首先,习近平新时代中国特色社会主义思想凝结了对新时代实践创新与伟大变革的哲学思考,科学回答了具有战略性意义的三大时代课题。"十个明确"和"十四个坚持"从世界观和方法论的维度科学回答了我国应举什么旗、走什么路,坚持什么样的发展方向和路线,采取什么样的战略举措实现社会主义现代化强国、建设长期执政的马克思主义政党这一系列带有根本性的问题,从理论和实践层面科学回答了道路之问、强国之问和强党之问。"十三个方面成就"是对新时代党和国家事业在"十个明确"和"十四个坚持"指导下取得的实践成果的检验。"十三个方面成就"的总结和概括,与"十个明确""十四个坚持"一同从认识上、行动上、实践上形成了完整的发展链条,三者之间相互贯通、相互支撑、相辅相成,共同构筑了习近平新时代中国特色社会主义思想的完整理论体系,深化了对习近平新时代中国特色社会主义发展规律的真理性认识,为民族复兴和强国建设提供了科学指引与实践遵循。

　　其次,习近平新时代中国特色社会主义思想凝结了对当今时代发展趋势和人类社会发展规律的哲学沉思,科学回答了"人类向何处去"的时代之问。恩格斯指出:"每一个时代的理论思维,包括我们这个时代的理论思维,都是一种历史的产物,它在不同的时代具有完全不同的形式,同时具有完全不同的内容。"①当前人类社会进入大发展大变革大调整时期,世界政治经济格局呈现出新的特点,面临着"世界怎么了""人类向何处去"的哲学之问,如何引领一个充满不确定性的世界走向更加美好的未来,以互利共赢摒弃零和博弈,以和平发展超越冲突对抗,以交流互鉴取代文明冲突,这就成为一个必须回答的重大时代课题。习近平站在人类前途命运的高度,给出了破解百年未有之大变局的中国方案——构建人类命运共同体,这一方案的提出是中国共产党对当今时代特征和人类发展走向的精准把握,是对时代精神之精华的规律性认识。总之,党的十八大以来中国共产党人在科学回答中国之问、世界之问、人民之问和时代之问的基础上,进一步深化了对共产党执政规律、社会主义建设规律和人类社会发展规律的真理性认识,推动习近平新时代中国特色社会主义思想逐步成为一个内涵丰富、逻辑严密、系统完整的成熟理论体系。世界观和方法论的哲学话语表达方式将我们对这一思想的认识提升到哲学层面进行升华与总结,集中概括了这一思想的精髓要义和精神实质,开辟了这一思想的哲学新境界。

二、"六个必须坚持"是习近平新时代中国特色社会主义思想的世界观和方法论的精髓

　　世界观方法论、立场观点方法,作为思想理论体系的哲学底蕴,最为直接和鲜明地表明了一种思想理论的精神实质。"六个必须坚持"是习近平新时代中国特色社会主义思想的世界观和方法论的集中体现,是这一思想的精髓和灵魂,它把习近平新时代中国特色社会主义思想人民至上的根本立场、实事求是的理论品格和辩证的思想方法有机结合起来,形成了内涵丰

---

　　① 《马克思恩格斯选集》(第三卷),人民出版社,2012年,第873页。

富、相互贯通、辩证综合的立场观点方法的完整体系,是时代精神的精华、伟大实践的指南。

(一)坚持人民至上

坚持人民至上是马克思主义唯物史观的根本要求,是践行党的初心使命的集中体现。唯物史观认为人民是历史的创造者,无产阶级政党是为绝大多数人谋利益的政党,其党性和人民性是统一的,且从不掩饰自己的立场。立场决定方向,它是一个政党的核心问题。中国共产党的根本政治立场就是人民立场,这使其与一切打着价值中立旗帜的剥削阶级从根本上区分开来。"江山就是人民,人民就是江山"①形象地表达了中国共产党对"江山"与"人民"辩证关系的认识,既表明我们打江山、守江山为的不是个人私利,而是最广大人民的根本利益;又强调人民群众是我们打江山、守江山的深厚根基和主体力量,是推动社会进步的真正动力。坚持人民至上的根本立场,就是要把增进人民福祉、促进人的全面发展作为治国理政的出发点和落脚点。党的十八大以来,中国共产党把人民立场与社会发展规律相结合,着力解决群众急难愁盼问题,坚定不移走高质量发展之路、着力解决制约人民美好生活需要不平衡不充分的发展问题,这都是党坚持人民至上的真实写照。新时代新征程上我们必须始终把人民放在心中最高位置,心中常思百姓苦、脑中常谋富民策,这样党的执政地位才能坚如磐石,中国特色社会主义事业才能行稳致远。

(二)坚持自信自立

坚持自信自立是内外因辩证关系的必然要求,是独立自主优良传统的时代彰显。马克思主义发展观认为内因是事物的内部矛盾,是事物发展变

---

① 习近平:《在庆祝中国共产党成立100周年大会上的讲话》,人民出版社,2021年,第11页。

化的根本原因,这就要求我们要增强民族自信心、依靠自身力量独立自主地探索适合自己国情的发展道路与模式。就哲学意义而言,"自信"是指认识主体基于自己的实践活动及其取得的成果基础上对自身能力与实力的积极肯定,"自立"是指实践主体不依靠外力去改造客观世界。自信为自立奠定基础,唯有自信方能自立。坚持自信自立,是立党立国的重要原则,也是实现民族复兴的实践要求和强大精神力量。党的十八大以来,党坚持自信自立,用马克思主义之"矢"去射新时代中国之"的",不断推进中国式现代化理论创新和实践创新,既大胆借鉴资本主义的积极因素,又保持自身的独立性,既遵循现代化的一般规律,又始终坚持社会主义的发展方向,走出了一条有别于西方的中国式现代化新道路,并形成了中国式现代化理论体系,这既为发展中国家实现现代化提供了新的路径,又打破了将现代化等同于西方化的话语垄断和实践困局,向世界展现了一个自信自立的中国形象。

(三)坚持守正创新

坚持守正创新充分彰显了辩证唯物主义真理二重性的思想光辉,也是推进理论创新的哲学密钥。马克思主义真理观认为真理既具有绝对性,又具有相对性,它们是同一客观真理的两种属性,任何真理都是绝对性和相对性的统一,这就要求我们必须坚持守正创新,正确把握矛盾的普遍性和特殊性辩证关系。守正即坚守正道,把握事物本质,遵循客观规律,创新即对"旧"的突破与超越,获得新的认识和实践成果。守正是创新的基础和前提,它涉及的是根本性和原则性问题,守正才能不迷失方向、不犯颠覆性错误;创新是守正的路径和发展,只有"敢于说前人没有说过的新话,敢于干前人没有干过的事情"[1],才能把握和引领时代。中国特色社会主义进入新时代,中国共产党人在坚持公有制和按劳分配的社会主义经济制度、分配制度基

---

① 习近平:《高举中国特色社会主义伟大旗帜 为全面建设社会主义现代化国家而团结奋斗——在中国共产党第二十次全国代表大会上的报告》,人民出版社,2022年,第20页。

础上,一方面提出了使市场在资源配置中起决定性作用,更好地发挥政府作用的重要论述,为正确处理政府和市场的关系提供了新的理论视角和实践要求;另一方面构建起初次分配、再分配、三次分配协调配套的基础性制度安排,为实现共同富裕奠定了制度基础,进一步丰富和完善了社会主义市场经济理论,这都是党根据时代条件赋予科学社会主义基本原则以鲜明中国特色的生动体现,同时也为谱写科学社会主义的新时代篇章作出了原创性贡献。

(四)坚持问题导向

坚持问题导向集中体现了事物矛盾运动的基本原理,是中国共产党人的基本思想方法和工作方法。唯物辩证法认为矛盾是普遍存在的,是事物普遍联系的根本内容和变化发展的内在动力,人类社会是在矛盾运动中不断前进的。"问题是事物矛盾的表现形式,我们强调增强问题意识、坚持问题导向,就是承认矛盾的普遍性、客观性,就是要善于把认识和化解矛盾作为打开工作局面的突破口。"[①]坚持问题导向就是要聆听时代的声音、回应时代的呼唤,直面矛盾不回避、解决矛盾不退缩,把握历史脉络、找到发展规律,提出解决问题的新理念新思路新办法。党的十八大以来,中国共产党聚焦改革发展稳定存在的深层次问题,把问题作为研究制定政策的起点,把工作的着力点放在最重大和紧迫的矛盾和问题上,把化解矛盾、解决难题作为打开工作局面的突破口,推动全面深化改革涉险滩、破坚冰,持之以恒纠"四风"、刮骨疗毒反腐败,啃下贫中之贫"硬骨头",打赢碧水蓝天保卫战,解决了许多过去想解决而没有解决的难题,这都充分彰显了习近平新时代中国特色社会主义思想强烈的问题意识和鲜明的问题导向。

---

① 习近平:《辩证唯物主义是中国共产党人的世界观和方法论》,《求是》,2019年第1期。

(五)坚持系统观念

"系统观念是具有基础性的思想和工作方法"①,是马克思主义认识论的根本要求。唯物辩证法认为系统是自然界物质的普遍存在形式,是具有关联性的若干部分依据特定的结构而成的具有特定功能的有机体,它要求我们要从事物的总体和全局上、从要素的联系与结合上分析事物的运动和发展,掌握规律、建立秩序,进而实现整个系统的优化。坚持和运用系统观念就是要坚持一分为二地而不是绝对地、系统地而不是零碎地、联系发展地而不是孤立静止地、客观地而不是主观地分析和解决问题,坚决反对保护主义、教条主义、形式主义和经验主义等形而上学的思想方法。改革是一场全面而深刻的社会变革,也是一项复杂的系统工程,因此必须注重改革的系统性、整体性和协同性,妥善处理各种重大关系。党的十八大以来,中国共产党人遵循系统观念的内在规律和实践要求,立足改革全局,深入把握改革规律和特点,"既抓改革方案协同,也抓改革落实协同,更抓改革效果协同,促进各项改革举措在政策取向上相互配合、在实施过程中相互促进、在改革成效上相得益彰"②,提高改革整体效益,彰显出鲜明的整体意识和系统观念。

(六)坚持胸怀天下

坚持胸怀天下是马克思主义关于人的解放学说在新时代的发展与深化,是中国共产党人历史主体意识与天然文化基因的鲜明体现。中国共产党选择了马克思主义为指导就选择了真理的制高点、选择了道义的制高点,就必然要以为人类求解放为重要使命。坚持胸怀天下就是要不断拓展世界眼光,顺应人类发展潮流,统筹国内国际两个大局,科学地审视中国和世界

———————————

①　《习近平谈治国理政》(第四卷),外文出版社,2022年,第117页。

②　中共中央宣传部编:《习近平新时代中国特色社会主义思想三十讲》,学习出版社,2018年,第101页。

的发展问题,为解决人类面临的共同问题贡献新思路新方案。党的十八大以来,中国共产党人积极统筹两个大局,把中华民族的前途命运与人类社会的未来发展统一起来,主动参与应对全球性挑战,携手各国共建人类命运共同体,提出要弘扬全人类共同价值、推动共建"一带一路"高质量发展、构建以合作共赢为核心的新型国际关系、参与改革和完善全球治理体系等,为建设更加美好的世界提供了中国方案,使处在十字路口的人类社会看到光明的前景。这些彰显着坚持胸怀天下的立场观点方法的重大倡议与伟大实践,既充分证明了中国始终是世界和平的建设者、全球发展的贡献者、国际秩序的维护者和公共产品的提供者,同时又彰显了党既是"为中国人民谋幸福、为中华民族谋复兴的党,也是为人类谋进步、为世界谋大同的党"[1]。

三、习近平新时代中国特色社会主义思想的世界观和方法论彰显了中国共产党高度的哲学自觉

学哲学,用哲学,是我们党的一个好传统。[2]党的十八大以来,党不断接受马克思主义哲学智慧的滋养,自觉地将马克思主义哲学运用到治国理政的全过程,推进党和国家各项事业不断前进。习近平新时代中国特色社会主义思想的世界观和方法论是对新时代中国实践探索与经验总结的理论升华与哲学表达,它为马克思主义哲学添加了新的内容与要素,为我们树立了灵活运用马克思主义哲学的光辉典范,充分彰显了中国共产党开辟21世纪当代马克思主义哲学发展新境界的巨大理论勇气和高度哲学自觉。

---

① 习近平:《高举中国特色社会主义伟大旗帜 为全面建设社会主义现代化国家而团结奋斗——在中国共产党第二十次全国代表大会上的报告》,人民出版社,2022年,第21页。
② 习近平:《坚持历史唯物主义不断开辟当代中国马克思主义发展新境界》,《求是》,2020年第2期。

（一）开辟了中国化时代化马克思主义哲学的新境界

马克思主义不是离开世界文明发展大道的一种故步自封的宗派主义体系，也不是世界各国发展道路的"历史哲学理论"，相反它始终根据时代发展的新变化与现实世界相互作用，对其基本原理作出与时俱进的理解并得出新的科学的结论，是一个随着时代、实践、科学的发展而不断自我更新、自我完善的开放的理论体系。因此说"马克思的整个世界观不是教义，而是方法。它提供的不是现成的教条，而是进一步研究的出发点和供这种研究使用的方法"[1]，对它的运用"随时随地都要以当时的历史条件为转移"[2]。马克思主义之所以在人类文明发展史中赢得世界历史性意义，就在于兼具理论的科学性与实践的革命性，就在于其世界观和方法论代表着工人阶级和最广大人民群众根本利益。各国马克思主义者可以围绕不同历史条件面临的时代课题，在运用这一思想武器分析和解决具体问题过程中形成具有不同民族形态和历史形态的本土化马克思主义。

自马克思主义哲学传入中国后，中国共产党人始终坚持"两个结合"，聚焦不同发展阶段的时代主题和社会主要矛盾，对时代与社会发展提出的一系列重大问题作出新的回答，并将其实践经验不断升华为中国化时代化的哲学表达。党的十八大以来，习近平始终强调将马克思主义哲学作为共产党人"看家本领"的重要意义，并围绕辩证唯物主义和历史唯物主义基本原理和方法论，两次主持中央政治局集体学习并发表讲话，并灵活地运用马克思主义哲学指导新时代中国特色社会主义的伟大实践。围绕坚持和发展中国特色社会主义谋篇布局，把社会主义现代化与民族复兴有机贯通起来，对时代与社会发展提出的一系列重大问题作出新的回答，用当代中国马克思主义哲学语言科学回答了"从哪里来、到哪里去"的历史追问。"六个必须坚

---

[1]　《马克思恩格斯选集》（第四卷），人民出版社，2012年，第664页。

[2]　《马克思恩格斯选集》（第一卷），人民出版社，2012年，第376页。

持"是对新时代中国实践探索与经验总结的理论升华与哲学表达,是当代中国共产党人的立场观点方法,它以始终坚持真理、守正创新的科学性和更贴合中华文化和中国现实的适用性创造了马克思主义世界观和方法论的中国新形态,为马克思主义哲学宝库添加了新的内容与要素,以其独创性的哲学表达对马克思主义哲学在21世纪的发展作出了原创性贡献,在理论上实现了重大突破、重大创新和重大发展。这一原创性思想代表了当代中国的思想高度,书写了马克思主义哲学的中国新篇章,开辟了中国化时代化马克思主义哲学发展的新境界。

(二)为推进实践基础上的理论创新提供了哲学指引

习近平新时代中国特色社会主义思想的世界观和方法论把我们对继续推进实践基础上的理论创新的认识提升到了哲学层面,也为中国共产党继续推进实践基础上的理论创新提供了哲学指引和方向路径。

坚持人民至上是理论创新的根本立场和价值导向。为什么人的问题是马克思主义唯物史观的核心问题,因此为谁著书、为谁立说是理论创新必须搞清楚的前提性问题。党的理论是来自人民、为了人民、造福人民的理论。继续推进实践基础上的理论创新,必须站稳人民立场、尊重人民主体地位、聚焦人民实践创造,"形成为人民所喜爱、所认同、所拥有的理论"[1]。坚持自信自立是理论创新的基本立足点。中国化时代化的马克思主义是中国共产党人立足中国国情、依靠自身力量作出的符合中国实际和时代要求的科学回答,是被实践证明了的关于中国革命、建设和改革的正确理论,具有强烈的时代气息和现实针对性。继续推进实践基础上的理论创新必须坚定"四个自信",以更加积极的历史担当和创造精神丰富和发展当代中国马克思主义。

坚持守正创新是理论创新的本质要求。世界上没有放之四海而皆准的

① 习近平:《高举中国特色社会主义伟大旗帜 为全面建设社会主义现代化国家而团结奋斗——在中国共产党第二十次全国代表大会上的报告》,人民出版社,2022年,第19页。

永恒真理,马克思主义只有本土化才能落地生根,只有时代化才能与时俱进。理论创新的首要前提就是坚守马克思主义基本原理、党的全面领导、中国特色社会主义之正,防止其偏离正确方向;同时还要坚持马克思主义"两个结合",创中国化时代化马克思主义之新,防止其走向教条主义。

坚持问题导向是理论创新的根本任务。问题是时代的声音,是理论创新的动力源和出发点,理论创新的过程就是发现问题、分析问题和解决问题的过程。因此理论创新必须"聚焦实践遇到的新问题、改革发展稳定存在的深层次问题、人民群众急难愁盼问题、国际变局中的重大问题、党的建设面临的突出问题"[①],在理论和实践的良性互动中科学回答中国之问、世界之问、人民之问和时代之问。

坚持系统观念是理论创新的思想方法。中国特色社会主义进入新时代,发展不平衡不充分问题突出,经济社会发展中矛盾错综复杂,改革稳定发展任务艰巨繁重,这些系统性问题牵一发而动全身。因此必须从系统观念出发观察和处理问题,正确处理好"全局和局部、当前和长远、宏观和微观、主要矛盾和次要矛盾、特殊和一般的关系"[②],加强前瞻性思考、全局性谋划、整体性推进,为党推进理论创新提供科学思想方法。

坚持胸怀天下是理论创新的外部动力。马克思主义是开放的理论体系,具有宽阔的世界眼光和深厚的人类情怀。中国化时代化马克思主义是党在顺应人类发展潮流、洞悉世界变化格局中实现的重大理论创新,为构建繁荣发展的世界文明图景作出了重大贡献。继续推进实践基础上的理论创新既要以海纳百川的宽阔胸襟借鉴吸收人类一切优秀文明成果,又要关注人类面临的共同问题,为探求解决这些全球性问题贡献中国智慧。

---

① 习近平:《高举中国特色社会主义伟大旗帜 为全面建设社会主义现代化国家而团结奋斗——在中国共产党第二十次全国代表大会上的报告》,人民出版社,2022年,第20页。
② 习近平:《高举中国特色社会主义伟大旗帜 为全面建设社会主义现代化国家而团结奋斗——在中国共产党第二十次全国代表大会上的报告》,人民出版社,2022年,第21页。

总而言之,"六个必须坚持"从世界观和方法论的高度深刻阐述了推进理论创新的科学方法和正确路径,为推进党的理论创新解决了"桥和船"的问题,充分彰显了党的理论创新的自觉性和坚定性。

(三)实现了中国传统哲学的创造性转化和创新性发展

创造性转化和创新性发展是中国传统哲学智慧数千年传承延续内在规律的现代彰显,也是当代中国语境下民族复兴伟业对中国传统哲学释放能量、发挥作用的现实需要。中国传统哲学中蕴含的天人合一的宇宙观、天下为公的天下观、革故鼎新的发展观、自强不息的主体观、厚德载物的道德观、讲信修睦和亲仁善邻的社会观、民为邦本的价值观、为政以德的治理观等,"同科学社会主义价值观主张具有高度契合性"①,为习近平新时代中国特色社会主义思想的世界观和方法论的形成提供了丰厚的哲学滋养。

党的十八大以来,以习近平同志为核心的党中央以高度的哲学自觉将中国传统哲学的合理内核与马克思主义世界观和方法论相结合,创造性地凝练出当代中国马克思主义哲学的崭新样态,即习近平新时代中国特色社会主义思想的世界观和方法论。从"民为邦本、本固邦宁"的民本思想到"坚持人民至上"的政治立场,从"自强不息、厚德载物"的民族品格到"坚持自信自立"的鲜明态度,从"新故相推,日生不滞""荣枯相代而弥见其新"的朴素发展观到"坚持系统观念"和"坚持守正创新"的思想方法,从"博学之,审问之,慎思之,明辨之,笃行之"的务实思维到"坚持问题导向"的实践方法,从"大道之行、天下为公"的社会理想到"坚持胸怀天下"的世界情怀,这都是中国共产党在坚持运用辩证唯物主义和历史唯物主义的基础上,按照时代特点和要求对中国传统哲学智慧进行的话语转化和批判性改造,是以马克思主义的真理力量激活中华文化根脉和中国精神传统的生动体现。

---

① 习近平:《高举中国特色社会主义伟大旗帜 为全面建设社会主义现代化国家而团结奋斗——在中国共产党第二十次全国代表大会上的报告》,人民出版社,2022年,第18页。

第八章

"五个必由之路"是推进马克思主义
中国化时代化得出的至关紧要的规律性认识

科学把握事物的规律有利于科学认知事物发展的历史进程,有利于科学前瞻事物发展的方向,有利于科学指导当下的工作实践,从而促进事物更好更快地发展。中国特色社会主义事业方兴未艾,必将给中华民族和人类社会发展带来美好前景,掌握其发展规律,用中国化时代化马克思主义的世界观方法论推动其持续健康快速发展,既是时代提出的现实要求,也是丰富和发展完善习近平新时代中国特色社会主义思想的理论要求。

为了继续推进中国特色社会主义事业乘风破浪、行稳致远,党的二十大报告强调:"坚持党的全面领导是坚持和发展中国特色社会主义的必由之路,中国特色社会主义是实现中华民族伟大复兴的必由之路,团结奋斗是中国人民创造历史伟业的必由之路,贯彻新发展理念是新时代我国发展壮大的必由之路,全面从严治党是党永葆生机活力、走好新的赶考之路的必由之路。"这"五个必由之路"不仅为中国的发展提供了动力和指引,也为其他国家在应对全球化、推进法治、加强合作、实现可持续发展等方面提供了宝贵经验和借鉴。我们必须深刻领会并贯彻"五个必由之路"的规律性认识,在"五个必由之路"的引领下,中国特色社会主义将继续迈向更加美好的未来,为实现中华民族伟大复兴提供坚实支撑。

一、"五个必由之路"的科学内涵

(一)领导核心:坚持党的全面领导是坚持和发展中国特色社会主义的必由之路

"五个必由之路"是推进马克思主义中国化时代化的规律性认识,其中第一条必由之路就是坚持党的全面领导,这是中国特色社会主义事业取得伟大胜利的根本保证,也是未来中国特色社会主义既不走邪路也不走老路的重要保障。

第一,坚持党的全面领导体现了中国特色社会主义的本质属性。中国特色社会主义作为马克思主义与中国革命、建设和改革实践相结合的产物,是在中国共产党领导下切实贯彻正确思想路线、全面落实人民民主的具体体现。在中国特色社会主义的发展过程中,党始终居于全面领导的核心地位。中国共产党在推进中国特色社会主义事业中,始终坚持以人民为中心的发展思想,不断探索适合中国国情的发展道路,积极推动经济、政治、文化、社会、生态文明等各个方面的创新性发展,所以说"办好中国的事情,关键在党"①。

第二,坚持党的全面领导是保证中国特色社会主义制度优越性的关键。中国特色社会主义制度是以人民为中心的制度,党的全面领导保证了这个制度能够科学运行和不断完善。作为带领中华民族走向伟大复兴征程的核心领导力量,中国共产党始终坚持以人民利益为出发点和落脚点,把人民群众的根本利益放在至高无上的地位。党的领导保证了中国特色社会主义制

---

① 《习近平谈治国理政》(第四卷),外文出版社,2022年,第8页。

度在经济、政治、文化等各个方面都有着极强的适应性、创新性和进步性,能够不断适应时代变化和世界变局的挑战,为中国的发展提供了强有力的制度保障。

第三,坚持党的全面领导是中国特色社会主义事业成功发展的重要保障。在中国特色社会主义事业的建设过程中,党的全面领导是具有无穷力量的动力源泉。新时代以来,中国共产党对党的全面领导赋予新的时代内涵,提出党是领导一切的,"哪个领域、哪个方面、哪个环节缺失了弱化了,都会削弱党的力量,损害党和国家事业"[①]。党的领导既可以统筹规划经济、政治、文化等各个领域资源的优化配置和协同发展,还能够集中力量办大事,有效推动中国特色社会主义事业向着全面、协调、可持续的方向不断前进。

第四,坚持党的全面领导是实现中华民族伟大复兴的必由之路。党的全面领导是新时代中国特色社会主义建设的根本保证,"全面建设社会主义现代化国家、全面推进中华民族伟大复兴,关键在党"[②]。历史已经证明,中国共产党是带领中华民族站起来、富起来的主心骨、带头人和守护者,为中华民族伟大复兴奠定坚实基础。历史也必将证明,中国共产党必将以自己的强大号召力和凝聚力,带领中华民族从富起来走向强起来,为中华民族伟大复兴的实现创造必要的前提条件。

第五,坚持党的全面领导体现了中国特色社会主义的制度优势。中国特色社会主义制度不仅能够为中国持续发展带来显著的政治优势,同时也为世界各国提供了一种新的发展借鉴。党的领导体系在中国特色社会主义事业中发挥着极其重要的作用,成为中国特色社会主义制度优越性的必要组成部分。作为中国特色社会主义事业的中坚力量,中国共产党在实践中

---

① 中共中央党史和文献研究院编:《十九大以来重要文献选编》(上),中央文献出版社,2019年,第276页。

② 习近平:《高举中国特色社会主义伟大旗帜 为全面建设社会主义现代化国家而团结奋斗——在中国共产党第二十次全国代表大会上的报告》,人民出版社,2022年,第63页。

贯彻落实党的领导的各项原则,推动中国特色社会主义取得了举世瞩目的成就。展望未来,随着中国特色社会主义制度的不断优化完善,党的领导作为一项显著而特殊的优势,必将为世界更多国家所重视,从而为全球治理现代化水平不断提高提供参考借鉴。

(二)道路方向:中国特色社会主义是实现中华民族伟大复兴的必由之路

中国特色社会主义是实现中华民族伟大复兴的必由之路。这是因为,中国特色社会主义道路集中体现了对中国国情、人民利益和时代要求的深刻认识和独特选择,是中国实现现代化建设、实现中华民族伟大复兴的必由之路。中国近代以来的革命史、建设史、改革史的无数实例均表明,在马克思主义指导下,坚持走中国特色社会主义道路,必将有力推动中华民族伟大复兴,实现一百多年来中国人民梦寐以求的奋斗目标。中国特色社会主义的道路选择和实践成果,是对马克思主义关于人类社会发展规律的科学运用与创新。作为科学的世界观、方法论和认识论的集大成者,马克思主义不仅能够预言和指导人类社会发展的总体进程,同时也可以指导各国根据自身的国情和时代条件制定符合本国实际情况的发展道路和模式。

第一,中国特色社会主义坚持以人民为中心的发展思想。人民是中华民族的灵魂,是伟大祖国的根本,是推动我国更加繁荣昌盛的力量源泉,人民的祸福安危、进步发展与国家的兴衰息息相关。中国特色社会主义从道义原则和制度安排上处处体现了对人民利益的深刻认识和维护,坚持以人民为中心的发展思想是其道义价值的根本体现。在中国特色社会主义的实践过程中,中国共产党始终以维护人民根本利益为出发点和落脚点,人民至上体现在经济建设、政治建设、文化建设、社会建设、生态文明建设等各个领域。通过坚持以人民为中心的发展思想,中国特色社会主义制度不断增强人民群众的获得感、幸福感和安全感,为实现中华民族伟大复兴提供了坚实的制度保障。

第二,中国特色社会主义坚持经济、政治、文化、社会、生态文明五个方面的有机联系和统筹发展。中国特色社会主义现代化建设,不仅仅是经济现代化,更是全面现代化,必须在经济、政治、文化、社会、生态文明等各个方面实现协同发展。例如从经济视角出发,中国特色社会主义制度建立在全面深化改革的基础上,但是始终坚持政治优先、全面协调、可持续发展和创新驱动等重要原则不动摇,在经济建设中始终注重科技进步和质量提升,推行优化产业结构和扩大内需等战略,伴之以积极扶持小微企业和民营企业,调整金融结构的战略方针政策的组合拳。这样的统筹协调发展,确保经济快速发展的同时,又为国家建设各个领域的全面现代化奠定了坚实基础。

第三,中国特色社会主义坚定不移地推进改革开放为中国特色社会主义持续发展提供了不竭的源泉和动力。在此种背景下,中国特色社会主义制度始终坚持稳中求进、循序渐进、一步一个脚印的原则,推动经济、政治、文化、社会、生态文明等各个领域的深入改革,为推进实现国家治理体系和治理能力现代化提供了力量源泉。例如,当前在经济发展领域特别注重深化供给侧结构性改革,该项改革对于提质增效,转变发展方式,实现"双碳"目标,加快实现高质量内涵式发展,推动资源节约型、环境友好型社会的建设均具有重要意义。

第四,中国特色社会主义坚持全面从严治党为中国特色社会主义始终保持旺盛生命力奠定坚实基础。全面从严治党、推进自我革命是跳出历史周期率的第二个答案,长期以来始终是确保中国特色社会主义制度拥有持久活力的关键保障。中国特色社会主义制度在全面从严治党上,始终坚持不懈地努力,加强党的政治建设、思想建设、组织建设、作风建设、纪律建设、制度建设等方面的工作。中国特色社会主义制度坚持严肃党内政治生活,对党员干部管理要求严格,加强对各级领导班子和领导干部的教育、培训和考核,推动全党干部群众更好地理解贯彻党的理论和政策,增强党的创造力、凝聚力和战斗力。

(三)主体力量:团结奋斗是中国人民创造历史伟业的必由之路

中国人民在漫长的历史长河中,创造了数不清的伟业和奇迹。中国特色社会主义制度的建立和发展,也是中国历史上的一个伟大创举,这个伟大创举离不开中国人民在党领导下的团结奋斗。要深入推进马克思主义中国化时代化,必须认识到主体力量的重要性和基础性,因此始终坚持以人民为中心,带领人民群众团结奋斗是中国人民创造历史伟业的必由之路。

第一,中国人民是推动历史发展的主体力量。古今中外,人民群众总是推动社会变革和发展的决定性力量。综观中国悠久的历史我们可以看到,每一个辉煌伟大的成就背后都凝聚着中国人民团结奋斗的力量。中国共产党的诞生、中国特色社会主义的开创和发展都离不开人民群众的积极拥护和参与,中国历史巨轮每一次向前迈进无不体现着人民群众的主体地位。历史已经证明并将继续证明,没有人民群众的支持和参与,任何制度和政治体系都难以长久稳定地发展下去。

第二,以人民为中心是中国特色社会主义制度建立和发展的本质要求。以人民为中心符合马克思主义关于人民群众主体地位的基本原理,是群众史观的时代体现,并在中国特色社会主义制度的建设完善中得到了充分体现和证明。为了继续坚持以人民为中心,必须把人民对美好生活的向往作为党的奋斗目标,将每一个人的生存权和发展权作为基本权利,通过制度设计和政策实施,不断提高人民群众的获得感、幸福感和安全感,推进人民群众美好生活不断实现,促进全体人民共同富裕和全面发展。

第三,团结奋斗是中国特色社会主义制度建立和发展的必由之路。团结奋斗是中华民族的优良传统,也是中国人民精神("五种精神")的核心之一,是宝贵的民族精神特质的彰显。中国共产党成立百余年来,带领人民群众团结奋斗始终是争取中华民族独立解放,国家繁荣富强的底色。特别是在中国特色社会主义建设的发展历程中,坚持团结奋斗,不断加强对人民群众的团结和引领,切实推动各方面取得巨大进步。展望未来,新时代条件下,为了更好推进国家治理现代化建设进程,继续坚持团结奋斗,维护人民群众的切实利益,才能高质量推动各项工作顺利实施,最终以良性循环的格局使为中国人民谋幸福、为中华民族谋复兴的初心使命尽早实现。

第四,团结奋斗是实现中华民族伟大复兴的必由之路。中华民族伟大复兴是近代以来中国人民最伟大的梦想。在全党全军全国各族人民共同努力下,坚持团结奋斗,中国特色社会主义制度不断稳步发展和推进,为中华民族伟大复兴奠定了坚实基础,创造了一个又一个辉煌业绩。可以说,中国人民创造历史伟业的必由之路就是团结奋斗,"能团结奋斗的民族才有前途,能团结奋斗的政党才能立于不败之地"[1]。坚持团结奋斗,不但体现了中国人民的主体地位,也奠定了中国特色社会主义制度的牢固基础,作为推动历史进步的主体力量,唯有团结奋斗,才能推动社会变革和历史发展。唯有牢固树立"团结奋斗"的价值观念,才能积极推进全面深化改革,加快经济社会发展,促进人的全面发展,坚定实现中华民族伟大复兴的信心和决心,迎接新时代的各种挑战和把握住各种机遇。

(四)发展理念:贯彻新发展理念是新时代我国发展壮大的必由之路

新时代的到来使得我国面临了前所未有的机遇和挑战,在这个背景下,贯彻新发展理念是新时代我国发展壮大的必由之路。2015年10月,习近平在提出新发展理念问题时就指出:首先要把树立什么样的发展理念搞清楚,"发展理念搞对了,目标任务就好定了,政策举措跟着也就好定了"[2]。新发

---

① 《团结奋斗书写新的美好未来——习近平总书记在春节团拜会上的讲话激励社会各界奋进新征程》,《人民日报》,2022年2月1日。

② 《十八大以来重要文献选编》(中),中央文献出版社,2016年,第825页。

展理念是在全面建设社会主义现代化国家的基础上,提出的适应新时代经济社会全面发展的原则,它包含了创新、协调、绿色、开放、共享五个方面的要求。新发展理念的提出,旨在解决当前我国发展中存在的一系列问题,特别是环境污染和能源消耗过大等问题。贯彻新发展理念,是推动我国经济转型升级,实现可持续发展的必要路径。

近年来,我国在推进创新驱动、加强协调发展、实施绿色发展、深化对外开放、推进共享发展等方面,取得了显著的成果。例如,我国在科技创新方面不断突破,已成为全球科技创新的活跃地;在协调发展方面,一批区域中心城市崭露头角;在绿色发展方面,环保法规得到了有效实施;在对外开放方面,"一带一路"倡议正日渐推进;在共享发展方面,脱贫攻坚胜利完成,乡村振兴持续深入,高质量内涵式发展落实落地,证明了新发展理念的科学性和正确性。就此可以指出,新发展理念对于我国解决当前经济发展不平衡、不充分问题,环境污染和资源短缺矛盾,提高人民群众生活质量等具有极为强烈的现实意义。新时代的实践证明,只有深入实施新发展理念,推动构建以人为本、绿色低碳、轻资产、多元化、责任共享的发展格局,才能够实现经济发展可持续、人民生活幸福美好的目标。

(五)根本保障:全面从严治党是党永葆生机活力的必由之路

全面从严治党是党永葆生机活力的必由之路,这不仅是中国共产党的宝贵经验,也是马克思主义中国化时代化的重要组成部分。党的二十大报告指出:"经过不懈努力,党找到了自我革命这一跳出治乱兴衰历史周期率的第二个答案……确保党永远不变质、不变色、不变味。"①如今,在复杂多变的国际形势和国内各种风险挑战下,全面从严治党更是成为党的根本保障。

首先,全面从严治党是加强党的自身建设的必由之路。作为一个长期

---

① 习近平:《高举中国特色社会主义伟大旗帜 为全面建设社会主义现代化国家而团结奋斗——在中国共产党第二十次全国代表大会上的报告》,人民出版社,2022年,第14页。

执政的政党,党的自身建设是永恒课题,是关系党的生命力的根本性问题。切实开展全面从严治党,对于加强党的理论武装、优化党的组织形态、加强党员教育管理、提高党员队伍素质等方面起到了至关重要的作用,可以有效地提高党的凝聚力和战斗力,才能在新时代面对形势的巨大变化和治国理政工作的复杂性,保证党始终走在正确的方向上,不断推进党的创新发展。

其次,全面从严治党是维护党的纯洁性的必由之路。永葆党的先进性和纯洁性,对于推进中国特色社会主义事业具有十分重要的意义。全面从严治党可以有效地净化政治生态,遏制腐败现象的发生,通过加强党的纪律建设和监督管理,确保党的干部清正廉明、勤政为民,从而提高党的形象和信誉度是维护党的健康形象的基础性工作。只有全面从严治党,才能在增强全党自我净化能力的基础上维护好党的先进性和纯洁性,才能不断提高广大党员干部的自我修养,提高自我约束能力,从而保证广大党员领导干部不断地自我完善、自我革新、自我提高,为巩固执政基础,提高执政能力提供基本的前提。

最后,全面从严治党是加强党的组织体系建设的必由之路。完善的架构,顺畅的运转,组成部件的健康,是一套组织体系有效运转和持续发展的前提。在全面从严治党的推进过程中,只有加强全党组织体系建设,才能为全面从严治党提供有力的组织保障,才能够有效地提高党的创造力、凝聚力、战斗力,保证党始终走在正确的道路上。

二、"五个必由之路"与"三大规律"的耦合

(一)"五个必由之路"是中国共产党对长期执政的规律性认识

作为国家最高政治领导力量,中国共产党在执政的过程中,一直在不断探索保持长期稳定发展的最佳路径。尤其是在中国特色社会主义进入新时代后,全面从严治党成为中央全面深化改革的重点之一,同时也被赋予了更加紧迫的意义。而"五个必由之路"作为推进马克思主义中国化时代化的规律性认识,在这个过程中起到了至关重要的作用。

第一,作为共产党执政的规律性认识,开展全面从严治党是解决历史周期率的法宝。全面从严治党的核心是从党员干部自身入手,以自我革命精神推动党的建设。只有通过全面从严治党,才能够空前深入地摸清问题症结,从根本上解决党内存在的各种顽症。因此,"五个必由之路"为我们提供了探索和运用全面从严治党的指导原则,为党完成历史性使命提供了坚实保障。换言之,只有推进全面从严治党,把党员队伍建设作为核心工作,确保党员的精神风貌符合党的要求和人民期待,才能保证党的先进性和纯洁性。而"五个必由之路"不仅提出了具体的需求,也强调了党员干部的素质要求和管理标准,这就为各级党组织在引导、教育、管理党员时,使用系统化、科学化、规范化的方法,努力提高党员队伍的整体素质和政治能力水平提供了基本参考和工作坐标。

第二,作为共产党执政的规律性认识,"五个必由之路"为发展中国特色社会主义提供了保证。要建设社会主义现代化国家,必须依靠党的领导,不断推进全面从严治党工作。因为只有在全面从严治党的基础上,才能够实现党的凝聚力、战斗力和创造力的充分发挥,从而不断促进中国特色社会主

义事业的健康发展。同时,全面从严治党也是防止贪腐、加强法治建设、全面深化改革的重要手段,是实现中国特色社会主义事业的必由之路。

第三,作为共产党执政的规律性认识,"五个必由之路"为共产党执政提供了制度保障。共产党执政必须按照宪法和法律的规定,遵循民主原则,依据科学、公正、透明的政策制定和执行程序,确保党和政府工作的合法性和公正性。全面从严治党就是一种重要的制度安排,既能够推动执政党自我完善,也能够有效维护政府的公信力和形象。因此,"五个必由之路"提供了一种全面的制度保障,为党和政府工作的合法合规提供了重要依据。

因此,我们应该牢固认识到"五个必由之路"的重要性,其对于共产党执政规律的保障作用具有重要意义。它不仅增强了共产党执政的科学性、先进性和有效性,还为党的建设、加强党员队伍建设、发展中国特色社会主义、制度建设等方面提供了重要理论支撑。同时,也要认真总结各项工作经验,不断创新探索,为实现中国特色社会主义事业不断创造新的历史性成果。

(二)"五个必由之路"为深刻把握社会主义建设规律提供了动能

中国特色社会主义是中国共产党团结带领全国人民在长期实践中总结出的具有本土特色的理论体系。"五个必由之路"作为推进马克思主义中国化时代化的规律性认识,为中国特色社会主义事业的发展,深刻把握社会主义建设规律提供了动能。

一方面,"五个必由之路"强调以人民为中心的发展思想,是社会主义建设规律不断深化发展的动能。社会主义建设的根本目标是全面解放和发展社会生产力,不断促进人民共同富裕,因此以人民为中心的发展思想贯穿于社会主义建设全过程,而"五个必由之路"作为全面建设社会主义现代化国家的一种规律性认识,始终着力于"五位一体"总体布局和"四个全面"战略布局,正是以人民利益为出发点,为中国特色社会主义建设目标的实现提供了规律性认识。

另一方面,"五个必由之路"突出表现出了中国共产党人不忘初心、牢记使命的内涵特征,为不断深化认识社会主义建设规律提供了思想保障。面对新时代的各项挑战,唯有不忘初心、牢记使命才能应对各方面的挑战与风险,"五个必由之路"通过强调坚持党的全面领导、坚持中国特色社会主义、坚持团结奋斗、坚持贯彻新发展理念、坚持全面从严治党形成了一个不忘初心、牢记使命的闭环。在这闭环之中,能否做到对"五个必由之路"的规律性认识和坚定性实践是考验共产党人能否增强"四个意识"、坚定"四个自信"、做到"两个维护",深刻领悟"两个确立"的决定性意义的试金石。同样,作为一名共产党人,能否增强"四个意识"、坚定"四个自信"、做到"两个维护",深刻领悟"两个确立"的决定性意义,也是考验共产党人对"五个必由之路"内涵认识水平的衡量标准。毕竟,如果无视规律性认识,那么就会在初心使命问题上犯错误,如果初心使命方面出了问题,那么就会无视社会主义建设规律,就会犯"左"的或右的错误,从而给中国特色社会主义建设造成损害。

(三)"五个必由之路"为深刻认识人类社会发展规律提供了借鉴参考

"五个必由之路"是推进马克思主义中国化时代化至关紧要的规律性认识,其实质是在总结中国共产党领导革命、建设和改革事业的历史经验的基础上,探索党在新的历史条件下如何推进中国特色社会主义事业快速发展。"五个必由之路"的提出,不仅对推动中国特色社会主义事业健康发展具有重大的指导意义,而且对于深入探究人类社会发展规律提供了重要参考。

1.中国特色社会主义道路的巨大成功为世界其他国家走出具有自身特色的发展道路提供了有益借鉴

中国特色社会主义道路是中国共产党人应时代发展大势,将马克思主义基本原理与中国革命、建设和改革实际相结合,与中华优秀传统文化相结合,为着解决中国问题,实现中华民族伟大复兴而作出的重大战略选择。经过千难万阻的探索,取得了巨大成功。在这个过程中,作为世界上的任何一个国家,得到的基本启示就是,作为一国走向成功的必要前提就是,本国发展道路的选择一定不能照抄照搬,一定不能邯郸学步,要注重一般规律与自身国情的结合,形成符合自己特点的道路,才能确保可持续发展。如果将他国经验奉为圭臬,则必然会犯教条主义和本本主义的错误,带来的必将是巨大的损害。

2.加强党的全面领导为其他国家政党的发展壮大提供了有益借鉴

加强党的全面领导,提高党的现代化执政水平和执政能力是确保党能长期执政的关键前提。中国共产党自成立之日起,一方面通过加强思想建设提高全党的马克思主义理论水平,一方面通过加强组织建设不断提高革命和建设能力。当前阶段,中国共产党则把加强政治建设放在党的建设首位。无论何种建设,既是党的初心使命使然,也是时代的现实要求使然。得到的结果就是党的领导能力不断得到加强,对党政军民学的全面领导得以实现。全面领导不仅表现在政治、军事领域,也表现在经济、文化、教育、社会、生态文明等领域。对于其他国家的政党来说,中国共产党在政治建设、思想建设、组织建设、作风建设、纪律建设、制度建设的系列做法对于提升所在党组织的政治动员能力、社会组织能力等则有非常重要的借鉴意义,毕竟缺乏有效的组织与高效的动员,对于任何一个政党来说,治国理政都将是一种奢望。

3.坚持走和平发展道路为构建人类命运共同体提供了榜样模范

自古以来中国人民都是爱好和平,维护和平的坚实力量。中国共产党坚持走和平发展道路既是推动中华民族伟大复兴的必然选择,也是推进人类社会共同发展繁荣的必由之路。中国主张国与国之间应该平等相待,互利共赢,积极参与国际合作与竞争,推动和谐、稳定和平的全球化进程。在全球化的时代背景下,各国之间开展经济、文化、科技等多领域合作已成为趋势,而这种合作建立在和平与稳定的基础上,才能促进各国共同发展,推动全球繁荣。尤其在当前国际形势复杂多变的背景下,中国本着和平、开放、合作、共赢的理念,已经成为致力于推动国际社会妥善处理彼此之间的分歧和矛盾,维护地区和世界的和平稳定的典范。展望未来,中国将坚定不移地持续走和平发展道路,为建设人类命运共同体,实现人类社会共同繁荣发展作出更大的贡献。

4.贯彻新发展理念为人类社会可持续发展提供了有益参考

新发展理念是创新、协调、绿色、开放、共享的新发展理念。这些理念符合时代发展大势,不但是回应中国人民美好生活需要的发展理念,也是符合世界人民期待的发展理念。创新是推动生产力发展水平的必要基础,协调是确保各项发展的前提条件,绿色更是对各国按期实现"双碳"目标的必然选择,开放则是将发展成果由全世界人民共享的必然路径,共享则是建设人类命运共同体的必然追求。贯彻新发展理念,对于中国来说是一次提质增效的机遇也是一种要求,对世界各个国家来说则是一次转变发展方式,转变发展思路,实现高质量内涵式发展的现实要求。中国已经在此方面作出了表率,作为推进人类进步的一种最大公约数,未来,将新发展理念积极推广并在更多国家贯彻实现必定会给人类命运共同体建设带来更多机遇。

5.全面从严治党是确保党能长期执政,持续为人类社会繁荣发展进步提供坚实的正义力量的必由之路

全面从严治党、自我革命是中国共产党跳出历史周期率的新探索。党的十八大以来,基于对"腐败问题越演越烈,最终必然会亡党亡国"的执政忧患,习近平多次强调,党的作风关系人心向背,关系党的生死存亡,必须加强党的先进性和纯洁性建设,坚决切掉威胁党的生命健康的毒瘤。为此,进入新时代以来,中国共产党在理论和实践上不断开创全面从严治党新境界,为破解历史周期率找到了又一条新路。确保党经受住了长期的、复杂的、严峻的执政考验、改革开放考验、市场经济考验和外部环境考验,为占人类人口四分之一多的世界大国奠定了政治稳定、经济发展、文化繁荣、社会和谐的坚实的政治组织领导基础。同时,也为世界范围内的和平发展不断巩固提供了坚实的正义力量。

三、"五个必由之路"的时代践行

(一)深刻把握"五个必由之路",持续加强党对中国特色社会主义建设的全面领导

在推进马克思主义中国化时代化的过程中,"五个必由之路"是对共产党执政规律进一步加深认识的规律性总结。为了继续深刻把握认识这一规律,将中国特色社会主义事业继续推向前进,必须加强党对中国特色社会主义事业的全面领导,通过党的领导继续深化对"五个必由之路"的规律性把握,通过全面加强党的领导,为中国特色社会主义事业发展提供坚强的核心。

1.通过持续加强党的全面领导,坚持走好中国特色社会主义道路

中国共产党成立以来,始终把马克思列宁主义普遍原理同中国革命、建设和改革的具体实践相结合,同中华优秀传统文化相结合,创立了毛泽东思想、邓小平理论,形成了"三个代表"重要思想、科学发展观,创立了习近平新时代中国特色社会主义思想等理论创新成果。中国特色社会主义道路是中国共产党为中国人民谋幸福、为中华民族谋复兴实践的总结和创新,是我国在经济发展、政治、文化、社会、生态文明等方面治国理政的创新选择。为此,把握好"五个必由之路"的规律性认识,坚定走好中国特色社会主义道路,是中国共产党的根本政治立场和实践准则,也是推进中华民族伟大复兴的必由之路。

2.通过持续加强党的全面领导,不断完善中国特色社会主义制度,确保走好中华民族伟大复兴的必由之路

正确的道路确保方向不偏差不位移。完善的制度则能够确保前进道路上各项建设事业的健康发展。中国特色社会主义制度就是这样一种制度,他来自中国共产党人在新民主主义革命阶段的探索,来自中华人民共和国成立之时的伟大奠基,来自不断深化的中国改革,来自不断因应形势变化的规律性认识和调整,来自中国化时代化的马克思主义对中华民族伟大复兴事业的正确指导。这一切理论和实践的进步,都离不开党对各项事业的全面领导。历史已经并将继续证明,一切成绩的取得都离不开党的正确的全面领导,必须通过持续加强党的全面领导不断完善中国特色社会主义制度,确保走好中华民族伟大复兴的必由之路。

3.通过持续加强党的全面领导,确保党成为团结、引领人民群众建设中国特色社会主义事业的领导核心

中华民族自古以来都有着集体主义的精神伟力,这种伟力是战胜各种艰难险阻的精神源泉。新时代条件下,发扬团结奋斗的精神伟力依然永不过时,这是现实的紧迫要求,也是中国人民成功建设中国特色社会主义事业的必然路径。缺少精神的民族没有前途,一盘散沙的民族同样不能实现既定战略目标。因此,只有通过持续加强党的全面领导,充分发挥出群众路线、统一战线等战胜敌人的法宝作用,才能在新时代条件下团结、引领和动员人民群众,不断为中华民族持续进步提供精神财富,从而确保党成为推动中国特色社会主义事业的领导核心。

4.通过持续加强党的全面领导,确保各行业均成为新发展理念的坚定执行者

新发展理念是高质量内涵式推动中国特色社会主义建设事业的有效路径和创新方式。但是受到历史惯性和思维习惯的影响,在不同行业、不同地区、不同群体身上都会有这样那样的问题,表现在思维模式或者行为习惯当中,对创新、协调、绿色、开放、共享的新发展理念不以为然。为此,为了解决好这些不平衡的问题,必须通过持续加强党的全面领导,对各行业、各地区的党员领导干部和人民群众予以有效地教育,通过学习习近平新时代中国特色社会主义思想,确保各行业、各地区的党员领导干部和从业者都能坚决贯彻执行新发展理念,从而更加高效地推进中国特色社会主义建设事业。

5.通过持续加强党的全面领导,确保全面从严治党落实落地,走好新的赶考之路

新的赶考之路漫长而艰辛。这是一个船到中流水更急的时期,也是行到半山路更陡的阶段。如果要破解历史周期率,要化解四大风险,必须通过全面从严治党才能得到根本地解决。但是全面从严治党一定不是偏离党的思想路线的从严治党,也不是脱离法治社会轨道的从严治党,而是要坚持党的全面领导的从严治党。要通过坚持党的全面领导,确保从严治党走在科学的、正确的道路上,确保反腐倡廉的各项决策落实落地,确保从严治党为党和国家可持续健康发展提供动力,而不是一管就死、一放就乱,要在党的全面领导下,把中国共产党建设成为中国人民的主心骨,建设成为具备现代化治理水平和能力的大党、强党,从而为新的赶考之路提供一个队伍保障和组织保障。

(二)深刻把握"五个必由之路",持续提升治国理政的能力水平

1.持续提升治国理政的能力水平要以促进经济发展和社会进步来衡量

全面促进经济社会健康发展是衡量对"五个必由之路"规律性认识水平的检验指标。改革开放四十多年来,中国取得了举世瞩目的发展成就,成为全球最具活力的主要经济体之一。究其缘由,从理论创新角度来看,在于有中国特色社会主义理论体系特别是习近平新时代中国特色社会主义思想的正确指导。在此过程中,无论是对"五位一体"总体布局和"四个全面"战略布局的推动,都进一步巩固了中国作为世界主要经济体的地位,增强中国在

全球经济治理中的话语权,为实现中华民族伟大复兴贡献力量。所以说,践行"五个必由之路",无论是推动中华民族伟大复兴,还是构建人类命运共同体,均具有重要的现实意义和长远的战略价值,都是衡量治国理政能力水平的重要方式,必须通过提升"五个必由之路"的规律性认识水平来不断加以实现。

2.持续提升治国理政的能力水平,务必做到维护社会稳定、国家统一

社会稳定和国家统一是衡量一个主权国家是否独立解放和繁荣富强的核心指标,这是体现一个国家是否在国际舞台上具有独立主权身份和实力的重要表征。这些指标均需要一个制度的建立与完善、一条道路的坚持与发展来表现。为此,深化"五个必由之路"的认识可以发现,当今中国无论走中国特色社会主义道路,还是坚持中国特色社会主义制度,无论是带领人民群众团结奋斗,还是坚持贯彻新发展理念,无论是全面从严治党,还是在总体上将中国特色社会主义事业的前途与中国共产党的领导、中国人民的独立自主道路紧密结合,都体现出了中国当前走在民族解放之后的独立自主道路上,走在民族繁荣富强的道路上。

3.持续提升治国理政的能力水平,务必要通过加强党的建设来实现

加强党的政治建设、思想建设和组织建设,从根本上提升党员领导干部和各级党组织的能力水平是对"五个必由之路"规律性认识的生动践行。之所以如此,就是因为无论是政治建设、思想建设还是组织建设,都是紧紧围绕中国特色社会主义建设事业来展开的,都关系到广大党员领导干部和党的各级组织能否做到增强"四个意识"、坚定"四个自信"、做到"两个维护",深刻领悟"两个确立"的决定性意义,是对他们发扬团结奋斗精神、团结人民群众,贯彻新发展理念,勇于自我革命的考验。所以说,为了提高治国理政的能力水平,就必须通过加强党的建设来实现,通过可持续的、制度化、常态化的党的建设来实现。

(三)深刻把握"五个必由之路",不断满足人民群众对美好生活的需要

"必由之路"就是规律之路,"必由之路"也是胜利之路。胜利的原因就在于掌握了规律,掌握规律的目的就在于通过对中国特色社会主义道路的坚持、中国特色社会主义事业的发展来不断满足人民群众对美好生活的需要。满足人民群众的美好生活需要既是深刻认识和掌握"五个必由之路"的出发点也是落脚点。

第一,满足人民群众的美好生活需要就必须坚持中国共产党的领导,这是中国特色社会主义最本质的特征,也是党和国家事业不断发展的"定海神针"。1840年以来中国人民前赴后继,追求独立解放和繁荣富强的历史,从正反两方面的经验教训中得出的一个规律性认识就是只有中国共产党才能救中国,只有中国共产党才能发展中国。所以,当今中国特色社会主义各项建设事业就必须坚持党的全面领导,须臾不能离开党的全面领导。违背或偏离这一原则,就会给国家和人民造成无可挽回的颠覆性错误。作为中国特色社会主义最本质的特征,这是确保人民群众美好生活需要实现的政治保障、组织保障和思想保障。

第二,坚持中国特色社会主义是实现人民群众对美好生活需要的根本保证。历史和现实都告诉我们,只有社会主义才能救中国,只有中国特色社会主义才能发展中国,只有坚持和发展中国特色社会主义才能实现中华民族伟大复兴。在这个过程中,无论是中国人民从站起来到富起来的伟大飞跃,还是从富起来到强起来的美好愿景,都无不验证着社会主义道路和社会主义制度的正确与科学。在这条道路上、在这种制度下,中国人民的基本政治权利、各项人身自由、人格的最大尊重等才能在人民民主专政的国体下,人民代表大会、公有制等基本政治制度和经济制度下得到保障和满足。所以说,道路和制度的根本不能动摇,务必要加强,才能为实现人民群众的美

好生活需要提供坚实的基础。

第三，坚持带领人民群众团结奋斗是推动人民群众走向美好生活的必由之路，也是党带领全国各族人民在新征程上攻坚克难、克敌制胜的重要法宝。中国特色社会主义事业是一项艰巨的、系统的、复杂的事业，离开了团结奋斗，中国人民无法站起来，离开了团结奋斗，中国人民无法富起来，离开了团结奋斗，中国人民也不会强起来。因此，实现美好生活不是一个人、一类人的简单的单打独斗，而是一群人、一个民族的团结奋斗。在这个征程上，必须做到全面的、系统的、协调的、整体的行动，既要努力推动整体发展，也要确保每一个人的价值实现，将集体与个人有机统一起来，将大我和小我有机统一起来，将长远和现实有机统一起来，才能实现人民群众的美好生活，才能确保人民群众都能享受到社会发展进步的红利，享受到规律性认识带来的社会效应和经济效应。

第四，确保人民群众对美好生活的实现是发展的目的，坚决贯彻新发展理念则是确保目标实现的桥梁和手段。新发展理念是党在总结经济社会发展正反两方面经验教训基础上得出的真知灼见，集中反映了党对经济社会发展规律认识的深化，只要完整、全面、准确贯彻新发展理念，就能实现高质量发展，就能为人民群众美好生活的实现奠定坚实的物质基础。反之，如果缺乏创新性发展，就无法赶超世界先进水平，永远处于被动挨打和被人卡脖子的地位，是没有资格讨论美好生活的。如果缺乏协调的发展，就会长期处于不平衡不充分的发展境地，"五位一体"总体布局就会出现失衡失调，那么也就无所谓美好。如果无视环境的承受能力，做不到绿色发展，那么积累的社会财富也将失去意义和价值。如果缺乏开放的发展，就是与世界发展潮流背道而驰，自然无法做到美好生活的实现。如果缺乏共享的发展，就会出现两极分化的风险，从而给社会的和谐稳定带来威胁。所以说，坚决贯彻新发展理念，是为美好生活奠定基础和提供保障。

第五，全面从严治党为人民群众美好生活的实现提供了坚实的组织保障。全面从严治党开辟了百年大党自我革命的新境界,能够确保党永葆生机活力,推动中国巨轮乘风破浪、行稳致远。通过历史和实践的观察可以发现党的自我革命与人民群众美好生活之间的逻辑联系,凡是一个地方、一级组织能够全心全意为人民服务,坚持以人民为中心,不忘初心、牢记使命,就一定能够带来所在地区、所在单位、所在行业的大踏步发展,党员领导干部和各级组织越加清正廉洁,越加秉公执法,越加营造良好的营商环境,人民群众就越有幸福感和获得感。凡是一个地方、一个单位的党员领导干部贪污腐化,只顾追求个人私利,就会对所在地方造成巨大损害,要么是政治生态的破坏,要么是国有资产的流失,要么是既定目标没有达成。全面从严治党、推进自我革命,以伟大自我革命引领伟大社会革命,不断满足人民群众对美好生活的向往,不断增强人民群众的获得感、幸福感、安全感。

综上所述,"五个必由之路"有着深刻的内涵,是中国共产党人对中国特色社会主义建设事业的规律性认识和科学性把握。坚持走好"五个必由之路",是解决当今时代中国共产党人面对的三大历史性课题的必然途径。为了在新时代更好地践行"五个必由之路",必须从三个方面切入,首先要持续加强党对中国特色社会主义建设的全面领导,其次要持续提升中国共产党人治国理政的能力水平,最后要有切实的落脚点,那就是不断满足人民群众对美好生活的需要。如此一来,对"五个必由之路"的规律性认识才能从理论的力量转化为实践的力量,才能推动广大党员领导干部和人民群众坚定走好中国特色社会主义道路,坚决拥护中国共产党的领导,坚持和贯彻落实新发展理念,坚定推进全面从严治党,坚持团结带领人民群众克服艰巨困难走好未来的发展道路,为中华民族伟大复兴贡献出属于自己的力量。

第九章

中国式现代化理论和战略布局
是推进马克思主义中国化时代化的重要成果

　　中国式现代化是正在生成的理论命题,也是当代中国最为宏大而独特的实践。党的二十大系统阐释了中国式现代化理论,使中国式现代化更加清晰、更加科学、更加可感可行;也部署了全面建设社会主义现代化国家的路线图,使强国建设、民族复兴有了更加切近的战略安排和战略举措。作为马克思主义中国化时代化的最新重大成果,中国式现代化理论和全面建设社会主义现代化国家战略布局内在相关,中国式现代化理论为全面建设社会主义现代化国家提供了行动指南,全面建设社会主义现代化国家战略布局的展开是中国式现代化理论创新发展的实践基础。

一、中国式现代化理论是马克思主义
中国化时代化的最新重大成果

　　中国式现代化的推进和拓展过程也是马克思主义中国化时代化的过程。中国式现代化理论"是党深刻总结我国和世界其他国家现代化建设的历史经验,对我国这样一个东方大国如何加快实现现代化在认识上不断深入、战略上不断完善、实践上不断丰富而形成的思想理论结晶"①，是对"中国之问"的创新性回答，开辟了马克思主义中国化时代化新境界。

（一）马克思主义是中国式现代化的理论基础

理论是实践的指南，不同的理论逻辑塑造着不同的现代化实践。马克思主义是在对资本主义现代社会客观全面剖析基础上生发的科学理论，蕴含着丰富的现代化思想，是中国式现代化由以展开的理论基石。对资本主义现代社会的辩证认识、对现代化发展道路多样性的揭示是建构中国式现代化的直接理论依据。

马克思主义在对资本主义现代社会的辩证分析中揭示了现代文明发展的本质性规律，中国式现代化正是这一文明逻辑的实践展开。马克思主义立足人类历史长周期，对资本主义现代社会的历史作用和历史限度作了全面客观审视。它充分肯定了资本逻辑在人类社会现代化转型中的驱动作用，指出"资本一出现，就标志着社会生产过程的一个新时代"②。它毫不吝啬地对资本主义在生产力、城市化、世界历史、科技发展等方面的巨大变革予以肯定，并由此揭示了现代化的共性特征。但资本运作逻辑先天性地决定了资本主义现代文明有着内在限度。资本主义包含着否定自身的因素，在创造文明的同时反噬着文明成果。在资本主义现代社会，资本是整个社会所围绕运转的"轴心"，是支配一切的权力，人只有为资本增值需要时才具有价值；资本逐利本质使人从不应有的贫困中解放出来时，也导致物质主义极度膨胀，人的欲望非理性释放，"一切神圣的东西都被亵渎了"，人的全面发展需要被强势掩盖；社会富裕程度不断提升，但财富集中在少数人手中，多数人的收入增长率远低于社会财富增长率，两极分化愈演愈烈；资本的增值本质要求跨越国界，在对外殖民掠夺中寻求高额利润。资本主义现代化

---

① 习近平：《为实现党的二十大确定的目标任务而团结奋斗》，《求是》，2023年第1期。
② 《马克思恩格斯文集》（第五卷），人民出版社，2009年，第198页。

的这些共性使其在发展中滋生系统性危机,现代文明的内在张力愈益明显。马克思主义揭示了现代文明发展的应然逻辑,中国式现代化以此为指导,校正被资本主义所扭曲的现代文明,展现出同人类文明发展趋势相一致的现代化观。

马克思主义立足现实历史揭示了现代化道路的多样性。肇始于西方的工业革命拉开了人类现代化序幕,西方由此成为现代文明的先行者。资本扩张使现代文明在全球落脚,但资本主义现代化道路不是通向现代化的唯一路径,更不是最优路径。马克思明确反对将"关于西欧资本主义起源的历史概述"泛化为"一般发展道路的历史哲学",指出现代化发展不存在"万能钥匙",各种独特情况的结合使"极为相似的事变发生在不同的历史环境中就引起了完全不同的结果"。①而现代化道路选择也不是可以先验假定的,"一切都取决于它所处的历史环境"②。马克思晚年跳出西欧视域,在对俄国农村公社的分析中指出不同于西欧逻辑现代化道路的可能性。问题本身包含着解决问题的办法,世界历史的展开为后发者提供了更多选择。和资本主义生产处于同一时空的落后国家,苦于资本主义的不发达,但辩证地看,又拥有后发优势,可以"不经受资本主义生产的可怕的波折而占有它的一切积极的成果"③。现代化是历史的必然,但不存在放之四海皆准的发展模式,将现代化等同于西化、资本主义化,将发展道路唯一化是对历史规律的背叛,自觉探索具有本国特色的道路是现代化发展的应有之义。马克思主义现代化理论所揭示的道路多样性是中国式现代化作为一种全新范式得以成立的理论根据。"中国式"避免了中国在现代化实践中被"格式化"的宿命,是强国建设、民族复兴的根本所在。

---

① 《马克思恩格斯文集》(第三卷),人民出版社,2009年,第466页。
② 《马克思恩格斯文集》(第三卷),人民出版社,2009年,第586页。
③ 《马克思恩格斯文集》(第三卷),人民出版社,2009年,第571页。

(二)中国式现代化是马克思主义中国化时代化的重大课题

马克思主义是科学真理,提供了实践由以展开的依据,但它没有穷尽真理,相反开辟了通向真理的科学道路;它不是可以直接套用的公式,在普遍性与特殊性的结合中,即在本土化、时代化中才能展现出其真理性力量。马克思主义中国化时代化就是要解决当地当时的重大问题。在百余年奋斗中,党在每一个历史时期都是在解决事关党和国家事业的重大课题中开辟马克思主义新境界的。当前面临的"中国之问、世界之问、中国之问、人民之问、时代之问"都与中国式现代化内在关联,因此中国式现代化是马克思主义中国化时代化的重大课题。

在历史转为世界历史境遇下,中华民族的命运转折与现代化紧密相关。工业文明挑战之时正值数百年王朝由盛转衰之时,东西交汇的结果是国家蒙辱、人民蒙难、文明蒙尘,正如马克思所言:"以手工劳动为基础的中国工业经不住机器的竞争。牢固的中华帝国遭受了社会危机。"[1]在经历从拒斥到接纳现代文明的转变后,如何实现现代化成为中国各阶层上下求索的问题。面对工业革命造成的中西文明更替,"向西方学习"一时成为时代最强音。但这些尝试都是简单将西方现代文明要素植入半殖民地半封建社会,结构性失衡使现代化难以生发。俄国十月革命后,中国先进分子以马克思主义重新审视中国的现代化探索,认识到"排除民族压迫是一切健康而自由的发展的基本条件"[2],也即彻底的革命是从传统切入现代的入口,是扭转国家、民族命运的前提。自此,马克思主义和中国式现代化建立起本质关联,但这种本质联系的建立、巩固和发展,唯有马克思主义中国化时代化才成为可能。[3]因此,马克思主义在中国的出场就直接与现代化相关,而马克思主

① 《马克思恩格斯全集》(第10卷),人民出版社,1998年,第277页。
② 《马克思恩格斯文集》(第十卷),人民出版社,2009年,第472页。
③ 吴晓明:《世界历史与中国道路的百年探索》,《中国社会科学》,2021年第6期。

义中国化则是特殊历史境遇中发展现代化的需要。

中国共产党在接过历史重任后的百余年奋斗中,将现代化作为一以贯之的奋斗目标,将推进和拓展中国式现代化作为马克思主义中国化时代化的重大课题。新民主主义革命时期,中国共产党将近代以来的有限变革转为彻底革命,并在马克思主义指导下开辟出具有中国特色的革命道路,带领人民推翻三座大山,建立起独立的民族国家,为实现现代化创造了根本社会条件。新中国成立后,党带领人民进行社会主义革命,建立社会主义制度,在探索中国自己的社会主义建设道路进程中建立起独立的、比较完整的工业体系和国民经济体系,为现代化建设奠定根本政治前提和宝贵经验、理论准备、物质基础。进入改革开放和社会主义现代化建设新时期,全党工作的着重点和全国人民的注意力转移到经济建设上来,在解放思想、实事求是基础上破除教条,坚持走自己的路,开辟了社会主义现代化新境界。"改革开放是决定当代中国命运的关键一招,也是决定中国式现代化成败的关键一招。"①这一时期的改革创新为中国式现代化提供了充满新的活力的体制保证和快速发展的物质条件。党的十八大以来,站在"两个一百年"奋斗目标的历史交汇点上,围绕现代化建设中的突出矛盾和问题,全面深化改革,继续推进理论和实践上的创新突破。在推进马克思主义中国化时代化新的飞跃过程中,提炼出关于现代化规律性认识的一系列新论断,提出强国建设、民族复兴的一系列重大战略,并在实践中取得一系列突破性进展、标志性成果,成功推进和拓展了中国式现代化。从中国经验中提升的中国理论谱写了马克思主义中国化时代化新篇章。

(三)中国式现代化理论的集成创新

"中国式现代化理论是基于中国国情、中国现实的重大理论创新,体现了我国现代化发展方向,是对全球现代化理论的重大创新。"①中国式现代化理论集中呈现了党对现代化的规律性认识,明确了是什么、干什么、怎么干、怎么看的问题,使中国式现代化更加清晰、更加科学、更加可感可行。

从认识论来看,中国式现代化理论明确了中国式现代化的根本性质和中国特色。"中国共产党领导的社会主义现代化,是对中国式现代化的定性,是管总、管根本的。"②党的领导决定中国式现代化是社会主义现代化,是中国特色社会主义现代化。党的领导为中国式现代化提供了科学指引、制度保障和精神支撑,确保其在正确轨道上推进,不偏航、不走样。党的领导确保中国式现代化锚定奋斗目标行稳致远、能够激发现代化建设的强劲动力、凝聚现代化建设的磅礴力量,直接关系着中国式现代化的根本方向、前途命运、最终成败。党的领导使现代化的共同特征适应中国社会发展逻辑,进而转化呈现为中国特色。中国式现代化是人口规模巨大的现代化,要使十四亿多人口整体迈进现代化社会,不是一部分人高度现代化,而一部分人承担现代转型代价;中国式现代化是全体人民共同富裕的现代化,要从"先富带后富"转向扎实推进共同富裕,实现现代化的建设者和享有者的高度统一;中国式现代化是物质文明和精神文明相协调的现代化,要使精神文明建设同经济社会发展水平相适应,既要物质富足,也要精神富有;中国式现代化是人与自然和谐共生的现代化,正确处理人与自然之间的物质变换关系,实现生产发展、生活富裕和生态良好的良性互动;中国式现代化是和平发展的现代化,既在与世界的互动中获得发展机遇,也以自身新发展为世界带来新机遇。五个方面的"中国特色"阐明了中国式现代化的科学内涵,内蕴着与西方现代化的本质区别,是中国式现代化作为一种全新现代化范式实现内在超越之所在。

---

① 习近平:《在二十届中央政治局第一次集体学习时的讲话》,《求是》,2023年第2期。

② 中共中央宣传部编:《习近平新时代中国特色社会主义思想学习纲要》,学习出版社、人民出版社,2019年,第55页。

从实践论来看,中国式现代化理论明确了推进中国式现代化的根本遵循、本质要求、战略布局、重大原则,以及推进中国式现代化需要正确处理的重大关系。习近平新时代中国特色社会主义思想以一系列原创性新理念、新思想、新战略回答了建设什么样的社会主义现代化强国、怎样建设社会主义现代化强国这一重大时代课题,是中国式现代化的根本遵循。其中蕴含的世界观和方法论及"两个结合"则为推进中国式现代化提供了直接的方法指南。

党的二十大从九个方面阐明中国式现代化的本质要求:坚持中国共产党领导,坚持中国特色社会主义,实现高质量发展,发展全过程人民民主,丰富人民精神世界,实现全体人民共同富裕,促进人与自然和谐共生,推动构建人类命运共同体,创造人类文明新形态。本质要求明确了中国式现代化的领导力量、方向道路、实践领域和文明创造,既展现了中国式现代化的未来图景,也给出了实践转化的方向路径。

党的二十大确立了新征程的使命任务,部署了全面建设社会主义现代化国家的战略布局,中国式现代化是全面建设社会主义现代化国家的实践进路,因而,这也是对继续推进中国式现代化的战略安排和战略部署。当前,"两个大局"交织,机遇和挑战之多前所未有,任务之艰巨繁重史所未有,推进中国式现代化必须坚持和加强党的全面领导、坚持中国特色社会主义道路、坚持以人民为中心的发展思想、坚持深化改革开放、坚持发扬斗争精神。这是防风险、化危机、开新局必须坚持的重大原则。新征程,中国式现代化指向强国建设、民族复兴,这一目标决定推进中国式现代化是一个系统工程。实现安全可持续发展必须处理好顶层设计与实践探索、战略与策略、守正与创新、效率与公平、活力与秩序、自立自强与对外开放等一系列重大关系。

从价值论来看,中国式现代化理论明确了中国式现代化所蕴含的现代化观及世界意义。世界现代化肇始于西方,当今世界的发达国家主要是深受西方文明影响的资本主义国家,似乎现代化和西方化、现代文明和资本主义文明之间可以画等号。但资本主义现代化本身包含着无法克服的内在矛盾,尽管其模式、制度不断调整,但其围绕旋转的轴心没有任何变化,资本在整个社会运转中处于支配地位;同时,其制度模式在向外输出中存在水土不服问题,致使模仿者陷入发展困境,所谓的文明前景成为文明幻象。"中国式现代化,深深植根于中华优秀传统文化,体现科学社会主义的先进本质,借鉴吸收一切人类优秀文明成果"[1],既代表了人类文明进步的方向,也展现了不同于西方现代文明的新图景,蕴含着独特的现代化观。

　　具体来看,中国式现代化体现着美美与共、和平发展、合作共赢的世界观,是对零和博弈丛林法则的超越;体现着坚持人民至上,以提升人民生活品质,促进人的全面发展为准则的价值观,是对以资本为中心,工具理性宰制价值理性发展逻辑的超越;体现着坚持历史规律性和主体选择性相统一的历史观,是对亦步亦趋、忽视主体选择性的机械实践的超越;体现着以文明交流超越文明隔阂、文明互鉴超越文明冲突、文明共存超越文明优越的文明观,是对西方中心论的超越;体现着全过程人民民主的民主观,是对有限的形式民主的超越;体现着坚持走生产发展、生活富裕、生态良好的文明发展道路,实现人与自然和谐共生的生态观,是对过度以人类为中心、以生态环境换取经济效益发展观的超越。中国式现代化蕴含的现代化观是对西方现代化理论的重大超越,展现了全新的文明图景,中国式现代化实践则以不置可否的成效打破了"现代化=西方化"的迷思。中国式现代化理论和实践互相证成,为人类实现现代化提供了全新选择。

二、全面建设社会主义现代化国家战略布局

　　从工业化到"四个现代化"、从总体小康到全面小康、从全面建设到全面

---

　　① 中共中央宣传部编:《习近平新时代中国特色社会主义思想学习纲要》,学习出版社、人民出版社,2019年,第61页。

建成,中国式现代化由重点施治、集中攻关阶段进入了系统部署、全面展开的阶段。全面建设社会主义现代化国家是社会主义现代化进程的一个重要历史阶段,实现由大到强、由富到强的跨越需要加强顶层设计,进行多层次多维度系统布局。

(一)全面建设社会主义现代化国家总体布局

中国式现代化的推进和拓展使现代化内涵外延不断扩展,这就要求对现代化布局提质扩容。党的二十大统筹兼顾、系统谋划,对新阶段的现代化作了整体性部署。

全面建设社会主义现代化国家战略布局首要的是关于强国建设、民族复兴的总体布局。"全面建设社会主义现代化国家"内含于"四个全面"战略布局,又在更高层次上涵盖了后者。党的二十大报告以中心任务为统摄,用12个部分详尽阐述了全面建设社会主义现代化国家总体布局。其中,"五位一体"是核心,构成这一布局的"四梁八柱"。中国式现代化是在"坚持和发展中国特色社会主义,推动物质文明、政治文明、精神文明、社会文明、生态文明协调发展"中开创的,因而"五位一体"是其基本框架。教育科技人才、全面依法治国、国家安全构成这一布局的时代内容。教育科技人才是强国实践的战略支撑,关乎发展主动权、全球竞争力;法治建设在强国实践中起着固根本、稳预期、利长远的作用;国家安全是国家强盛的前提。这一部署体现了党在大变局中抓关键、补短板、防风险的自觉性。党的建设是这一布局的关键。在十四亿多人口的东方大国实现社会主义现代化需要强有力的领导核心。勇于进行自我革命、自身过硬才能持续推进社会革命。国家治理现代化贯穿于这一布局的整体之中。经过较长时期的高速发展,失衡成为制约发展的主要因素,完善体制机制、提升治理效能,推进治理现代化是突破发展瓶颈的必然选择。多要素叠加融合构成的总体布局,既谋划了党和国家事业发展新篇章,也擘画了人民美好生活的蓝图。

　　这一总体布局是在中华民族伟大复兴战略全局和世界百年未有之大变局中对全面建设社会主义现代化国家的科学筹划。社会历史的发展总是表现出某种片面性。现代化展开的过程是一个涟漪式扩散的过程,在其原点处不是也不可能是一个完整设计。中国式现代化是在全面性要求和片面性现状的矛盾运动中推进和拓展的,社会主义现代化的总体布局也相应在这种矛盾运动中逐步显现出"全面性"和"总体性"。相较于新中国成立初期的"四个现代化"布局,改革开放新时期的"小康式"现代化布局,这一总体布局对接中华民族实现"强起来"的历史愿景,对强国目标有更清晰、具体的认识,也包含更高要求,如实现兼顾质和量的高质量发展、依靠创新实现高水平自立自强、发展全过程人民民主、夯实现代化的文化根基、满足人民美好生活需要、提升人民生活品质、统筹经济和生态、统筹发展和安全等。在"两个大局"交互形塑的时空场域中,全面建设社会主义现代化国家的总体布局包含着迎接时代机遇和挑战的战略性考量。如一体推进科教兴国、人才强国、创新驱动发展战略以打破来自内部和外部的天花板;突出强调塑造和维护国家安全以应对不确定因素。新征程作出新的战略部署是应变的需要,也是把握发展主动权的需要。

(二)全面建设社会主义现代化国家时间布局

　　全面建设社会主义现代化国家是一个长期的历史过程,需在时间布局上兼顾近景和远景目标,进而在阶段性目标链接中持续推进。党对标世界,依据自身发展条件,以五年规划为基础在重大时间节点上制定现代化的近期、中期和远期目标。

　　全面建设社会主义现代化国家的时间布局勾勒出强国建设、民族复兴的清晰链条。改革开放新时期,现代化事业逐步步入正轨,1979年3月21日,邓小平在会见英中文化协会执委会代表团时指出:"本世纪末能达到你们七十年代的水平,那就很了不起"①,这表明中国作为后发者同世界先进水平相差至少三十年。1987年邓小平进一步明确:"我们的第一个目标是解决温饱问题,这个目标已经达到了。第二个目标是在本世纪末达到小康水平,第三个目标是在下个世纪的五十年内达到中等发达国家水平。"②由此,勾画出现代化的基本时间线。

在"两个一百年"奋斗目标历史交汇期,党的十九大对全面建设社会主义现代化国家作出两步走的战略安排:第一个阶段,从2020年到2035年,基本实现社会主义现代化;第二个阶段,从2035年到21世纪中叶,建成富强民主文明和谐美丽的社会主义现代化强国。在新的历史起点上,党的二十大对这一布局作出更加清晰、具体、系统的规划。着眼未来五年开局起步的关键时期进行重点部署,突出高水平、高质量发展;对2035年总体目标从国家层面、人民层面和国际层面作出更加明确的规定,突出实力的显著增强;重申到21世纪中叶建成综合国力和国际影响力领先的社会主义现代化强国的远景目标,但没有进行具体规定,留下了较大发展空间。

现代化是一个世界性历史进程,就社会主义现代化的时间布局,党始终是从全球大视野中谋篇布局。回溯历史,可以发现,这一时间安排曾延后50年,又提前15年,这一变迁的重要依据便是我国经济社会发展水平同国际水准的差距不断演变。改革开放初期,中国远远落后于世界,邓小平提出"把标准放低一点",将实现现代化延迟至21世纪中叶;随着全面建成小康社会决胜期的到来,我国发展成就超出预期,同世界先进水平的差距逐步缩小,并展现出巨大潜力。依据客观经济规律和发展趋势,党适时将原定目标提前15年,并在此基础上提出强国目标。有关部门测算表明,按照GDP(国内生产总值)年均增长5%,假定汇率不变,到2035年我国GDP预计将达到290万亿元,约合43.6万亿美元,届时我国人均国内生产总值将达20.6万元,约

---

① 《邓小平年谱(1975—1997)》(上卷),中央文献出版社,2004年,第496页。
② 《邓小平文选》(第三卷),人民出版社,1993年,第256页。

合3万美元,有把握达到那时世界中等发达国家水平,基本实现现代化。[1]但基本实现现代化、建成强国不仅是由纸面上的数据指标衡量,体现一般的现代化规定,也有质的规定,体现着中国特色,体现着党的初心和使命。全面建设社会主义现代化国家着眼"现实的人",无论是达到中等发达国家水平或是更高水平,中国式现代化的出发点和落脚点都是满足人民美好生活需要,提升人民生活品质。

(三)全面建设社会主义现代化国家空间布局

全面建设社会主义现代化国家是一个全域联通、内外联动的过程,需在空间布局上合理规划,用好国内国际两种资源。党提出构建以国内大循环为主体、国内国际双循环相互促进的新发展格局,现代化的空间布局不断优化。

全面建设社会主义现代化国家的国内空间布局。独特的历史境遇使中国现代化的空间布局从起始阶段就处于不平衡状态;新中国成立后基于平衡工业布局和备战需要,按照"三线建设"展开布局;改革开放后,以"先富带后富"为原则,按照"两个大局"进行现代化部署,逐步形成由东部、西部、东北、中部"四大板块"构成的空间布局。党的十八大以来,突出强调协调发展、高质量发展,通过陆海联动、东西互济、南北协同逐步整合"板块式"空间格局。党的二十大进一步优化空间布局。区域协调发展战略的核心是优势互补,协调发展不仅要在东中西部之间通过产业梯度转移或单向输出缩小发展差距,而且通过发掘各区域比较优势创造新的发展势能。区域重大战略旨在打破梗阻畅通内部循环,如推动长江经济带、京津冀、长三角一体化发展。主体功能区战略旨在实现高标准、高质量发展,如雄安新区是以世界眼光、国际标准打造的创新发展示范区。新型城镇化战略通过大中小城市

---

[1]　中共中央宣传部编:《习近平新时代中国特色社会主义思想三十讲》,学习出版社,2018年,第130页。

和县域的整体性发展影响着现代化的空间布局。国内空间布局呈现出连点成线、聚线成面，全国一体化的联动发展态势，能够充分释放国土空间发展潜力，构建"内部大循环"的发展格局。

全面建设社会主义现代化国家的国际空间布局。不同空间承载着不同的资源要素，国界不是也不应该成为现代化布局的有形边界，在与世界的深度互动中才能不断拓展发展空间、实现现代化的全面提升。改革开放前，以国内循环为主，经济社会发展缓慢。改革开放以来，特别是2001年加入世贸组织后，以特有的资源禀赋参与国际分工，融入国际大循环，抓住机遇，现代化得以加速发展。但在不平等的国际分工体系中长期处于价值链底端，"8亿件衬衫换一架飞机"便是现实写照。进入新时代，现代化建设由规模速度型转向质量效益型，中国积极推动高水平对外开放，充分利用国内国际两种资源，使大进大出逐步转向优进优出。"一带一路"是中国为推动构建国际政治经济新秩序、拓展自身和沿线国家发展空间而打造的国际合作平台。中国式现代化的国际空间布局不是简单地在地理意义上扩大交往范围，而是通过改善生产要素质量和配置水平，提升国内大循环的效率和水平，吸引全球资源要素，争取开放发展中的战略主动。"优化区域开放布局"是实现国内外联动发展、构建新发展格局的必然之举。当前单边主义、保护主义抬头，但这些"逆流"阻挡不了全球化大潮。全面建设社会主义现代化国家的国际空间布局顺应了全球化趋势，是对全球发展倡议、全球安全倡议和全球文明倡议的自觉践行。

三、中国式现代化理论和
全面建设社会主义现代化国家战略布局

战略布局是关于未来的蓝图擘画，具有实践指向性，其价值意义在实践转化中得以呈现。全面建设社会主义现代化国家战略布局的实践转化即全面建设社会主义现代化国家的过程。中国式现代化理论和全面建设社会主义现代化国家之间存在互构关系。中国式现代化理论是对中国经验的理论升华,对全面建设社会主义现代化国家具有指导作用。但中国式现代化理论不是一经形成就处于完备状态,而是在回应实践要求中不断完善发展。

(一)全面建设社会主义现代化国家战略布局以中国式现代化理论为支撑

全面建设社会主义现代化国家战略布局从总体布局、时间布局和空间布局上对建设什么样的社会主义现代化强国、怎样建设社会主义现代化强国进行了部署设计。作出具有前瞻性和全局性的战略部署需要深刻洞察世界大势,准确把握人民愿望,深入探索经济社会发展规律。中国式现代化理论是对现代化规律性认识的集中概括,因而是全面建设社会主义现代化国家战略布局的理论支撑。

中国式现代化理论是全面建设社会主义现代化国家战略布局的理论依循。现代化是人类共同追求,具有一般性规律,呈现出普遍性特征,但没有定于一尊的模式。历史证明,移植嫁接现代文明,机械照搬他国模式,简单套用理论模板行不通,各种再版、翻版在具体实践中都面临水土不服的问题。将现代化一般规律和自身实际相结合,走出具有自身特色的现代化道路才能使理论变为实际、蓝图变为现实。全面建设社会主义现代化国家面临的是独特且全新的环境,一方面,大国现代化不同于小国现代化,十亿级人口的现代化在发展途径和推进方式上必然不同于千万级或亿级人口的现代化;另一方面,不同制度属性的现代化有不同的发展逻辑,两种制度并存条件下建成由社会主义定向的现代化强国必须守好社会主义的本和源。在中国这样一个东方大国全面建设社会主义现代化国家是一项探索性事业,他者经验有限,难以解决中国问题,要使中国实现现代化就必须使现代化中国化。"中国式现代化,是我们为如何唤醒'睡狮'、实现民族复兴这个重大历史课题所给出的答案。"①对现代化战略布局的科学部署要以源自中国历史和实践的中国式现代化理论为依循。

中国式现代化的理论回答了建设什么样的社会主义现代化强国、怎样建设社会主义现代化强国这一重大时代课题,全面建设社会主义现代化国家战略布局是对这一理论的自觉运用。中国式现代化理论首先明确了到21世纪中叶把我国建成富强民主文明和谐美丽的社会主义现代化强国的目标,战略布局正是对这一目标的擘画。"五位一体"总体布局构成社会主义现代化的四梁八柱,任何一个领域的缺失或不足都将使强国建设质量大打折扣,战略布局包含"五大文明"发展的新要求。中国式现代化是在新中国成立以来七十余年的理论和实践探索中推进和拓展的,它的未来展开也要求坚持大历史观,在历史、现实和未来的贯通中才能形成科学的战略布局。党的领导决定中国式现代化的根本性质,五个方面的中国特色揭示了中国式现代化的科学内涵,二者从属性特质层面标明了全面建设社会主义现代化国家战略布局的根本规定。中国式现代化的九条本质要求兼具现实指导性和未来指向性,明确了全面建设社会主义现代化国家战略布局的着力点。五条重大原则明确了领导力量、方向道路、根本立场、发展动力和精神状态,推进中国式现代化需要正确处理的六对重大关系,从方法论层面指明了如何全面建设社会主义现代化国家。中国式现代化理论以独特的世界观、价值观、历史观、文明观、民主观、生态观回答了"现代化之问",塑造出全新的现代文明图景,全面建设社会主义现代化国家战略布局是这一文明图景的实践展开。

---

① 中共中央宣传部编:《习近平新时代中国特色社会主义思想学习纲要》,学习出版社、人民出版社,2019年,第52页。

(二)中国式现代化理论的开拓创新以全面建设社会主义现代化国家战略布局的实践展开为基础

实践没有止境,理论创新也没有止境。恩格斯指出:"每一个时代的理论思维,包括我们这个时代的理论思维,都是一种历史的产物,它在不同的时代具有完全不同的形式,同时具有完全不同的内容。"①现代化和社会主义在人类历史上早已有之,社会主义现代化也不是无人涉足的全新领地,但全面建成社会主义现代化强国是人类历史上前所未有的创举。全面建设社会主义现代化国家的探索性实践为中国式现代化理论提供了生长点。

理论是在解决实际问题中创新发展的。问题是时代的声音,理论在回答时代课题,指导解决实际问题中不断丰富发展。"任务本身,只有在解决它的物质条件已经存在或者至少是在生成过程中的时候,才会产生。"②经过前期夯基垒台、立柱架梁,中期全面推进、积厚成势,社会主义现代化建设取得重大进展,在新征程上推进中国式现代化有了更为完善的制度保证、更为坚实的物质基础、更为主动的精神力量。也正是如此,建设社会主义现代化强国成为新的时代课题,站在新的历史高度和时代起点上,新的任务正在生成,更为复杂艰巨的问题亟待解决。而特定的民族国家在特定历史阶段担负着具有世界历史意义的任务。在人类向何处去的当口,中国式现代化作为一种全新的现代化范式出场,它所显现出的积极外溢效应使其无可辩驳地具有世界历史意义,因此它承担着回应中国之问和世界之问的双重使命。当前,世界之变、时代之变、历史之变正以前所未有的方式展开,新的"现代化之问"拓展了中国式现代化理论创新空间。

全面建设社会主义现代化国家战略布局擘画了美好蓝图,蓝图规划经由实践环节才能映照进现实。新的战略机遇、新的战略任务、新的战略阶

---

① 《马克思恩格斯文集》(第九卷),人民出版社,2009年,第436页。
② 《马克思恩格斯文集》(第二卷),人民出版社,2009年,第592页。

段、新的战略要求、新的战略环境对现代化建设提出了新的实践要求,这都亟须中国式现代化理论推陈出新,给出相应的回答。从内部来看,从落后的生产力到不平衡不充分的发展转变使过去的隐性问题逐步显现,成为实现高质量发展躲不开、绕不过的深层次问题。如解决绝对贫困问题后,如何在"做大蛋糕"的同时"分好蛋糕",扎实推进共同富裕,使十四亿多人口整体迈进现代化社会。从外部来看,世界百年未有之大变局深度演进,超预期、不稳定、不确定因素使机遇和挑战更难捕捉,而在"换道超车"阶段,越是接近世界舞台中央,来自外部的压力和挑战越是严峻。当前正处于新一轮科技革命和产业变革关键期,如何应对外部的打压遏制、极限施压,如何破解"卡脖子"问题,抓住机遇,使现代化提质升级。习近平在中国共产党与世界政党高层对话会上提出一系列"现代化之问",根本的是"我们需要什么样的现代化? 怎样才能实现现代化?"各国处于现代化坐标轴的不同位置,回答这一系列问题需要全人类共同的智慧。就前者,中国式现代化理论已给出明确答案,而后者作为一个更为重大的问题,它的解答还有赖于实践基础上的理论创新。中国式现代化理论的创新发展要以解决全面建设社会主义现代化国家进程中的实践问题为突破口。

实现现代化是中国共产党始终不渝的奋斗目标和价值追求,中国式现代化的推进和拓展过程即马克思主义中国化时代化的过程。中国式现代化理论的开拓创新和全面建设社会主义现代化国家的高质量推进将共同谱写马克思主义中国化时代化新篇章。

第十章

全面建设社会主义现代化国家新征程是推进马克思主义中国化时代化的广阔空间

　　党的十九大作出开启全面建设社会主义现代化国家新征程的战略部署,党的十九届五中全会提出"到2035年基本实现社会主义现代化"的远景目标和战略坐标,党的二十大报告指出党的"中心任务就是团结带领全国各族人民全面建成社会主义现代化强国"①,这意味着我国在决胜全面建成小康社会的收官之年,便接力开启全面建设社会主义现代化国家新征程。在此关键节点,党的二十大把"新征程""中国梦"与"中国式现代化"三个关键词融合起来,并围绕党的历史使命系统阐释三者的内在联系。因此,站在"两个一百年"的历史交汇点,面对国内国际两个大局,为实现第二个百年奋斗目标、推进中华民族伟大复兴,党需要在全面建设社会主义现代化国家新征程上开辟马克思主义中国化时代化的广阔空间。

---

　　① 习近平:《高举中国特色社会主义伟大旗帜 为全面建设社会主义现代化国家而团结奋斗——在中国共产党第二十次全国代表大会上的报告》,人民出版社,2022年,第21页。

一、新征程实现新时代中国特色社会主义的重大使命

习近平在党的二十大报告中着重阐述了"全面建成社会主义现代化强国"这一新征程实现新时代党的使命任务的总体战略安排,即从2020年到2035年基本实现社会主义现代化和从2035年到21世纪中叶把我国建成富强民主文明和谐美丽的社会主义现代化强国。从历史维度来看,新征程既植根于我国社会主义现代化建设的百余年实践、汲取了从"四个现代化"到"社会主义现代化"再到"社会主义现代化强国"建设的宝贵经验,又衔接新时代新阶段的奋斗目标,是马克思主义基本原理同新时代中国具体实际相结合的伟大实践。从实践向度来看,新征程既是马克思主义在21世纪的中国进一步焕发强大生机活力的伟大进程,又是我国为应对世界百年未有之大变局、构建人类文明新形态提出的新方案。从影响范围来看,新征程既是在科学研判我国发展方位和主要矛盾基础上作出的战略部署,又是为世界谋大同、提升中国国际地位和影响力的重要阶段。因此,开启全面建设社会主义现代化国家新征程是实现新时代中国特色社会主义的重大使命。

(一)新征程是中国特色社会主义新时代的新阶段

党的十八大以来,以习近平同志为核心的党中央带领全国人民在决胜全面建成小康社会的奋斗进程中,提出全面建成社会主义现代化强国这一更高目标,推动我国社会主义现代化建设进入新阶段。全面建成小康社会不仅为向第二个百年奋斗目标胜利进军奠定坚实基础,还为开启新征程提供宝贵经验。因此,党需要深刻总结全面建成小康社会的成功经验,以便更全面、系统地谋划新征程的战略布局。

1.新时代的伟大实践为新征程奠定物质基础、指明历史方位

习近平在党的十九大报告中明确指出："中国特色社会主义进入了新时代,这是我国发展新的历史方位。"①那么,新时代和新征程之间有何关系呢?虽然二者都有"新"字,但这两个"新"的侧重点却有所不同。第一个"新"强调的是新的社会主要矛盾和新的历史方位,《中共中央关于党的百年奋斗重大成就和历史经验的决议》指出,新时代的核心要义是继续夺取中国特色社会主义伟大胜利,全面建成社会主义现代化强国,不断创造美好生活、逐步实现全体人民共同富裕、奋力实现中华民族伟大复兴。第二个"新"强调的是新的发展阶段、新的发展目标、新的发展途径,即在"基本实现现代化"到"建设现代化强国"的发展阶段,综合运用"新发展理念、新发展布局、新发展动力、新发展举措"等途径来实现"全面建设社会主义现代化国家"的发展目标。②

不过,这两个"新"之间却有着密切联系。其一,从历史方位来看,新征程寓于新时代,是隶属于新时代的新发展阶段:新时代的伟大实践,尤其是决胜全面建成小康社会取得的发展成就,为开启新征程奠定了坚实的物质基础;而新征程则是党对新的历史任务作出的科学研判,是对全面建成小康社会目标的巩固、延续和发展。③其二,从发展目标来看,新时代的长期目标与新征程的终极目标保持一致,也就是说,两个"新"都是为了建成富强民主文明和谐美丽的社会主义现代化强国。其三,从发展途径来看,解决新时代的主要矛盾是全面建成社会主义现代化强国的前提条件,而新征程又是解决新矛盾的根本途径。④一方面,新征程的关键在于"全面",而新时代"不平

①　习近平:《决胜全面建成小康社会　夺取新时代中国特色社会主义伟大胜利——在中国共产党第十九次全国代表大会上的报告》,人民出版社,2017年,第10页。
②　秦宣:《全面建设社会主义现代化国家新征程"新"在何处?》,《科学社会主义》,2021年第1期。
③　周文彰:《开启全面建设社会主义现代化国家新征程》,《红旗文稿》,2020年第16期。
④　颜晓峰:《社会主要矛盾变化与全面建设社会主义现代化国家》,《思想理论教育》,2019年第7期。

衡不充分发展"的社会矛盾难以满足新征程的要求,甚至是满足"建设领域全面、发展水平全面、人民美好生活全面"等需求的重大阻碍,因此唯有解决新时代的社会主要矛盾才能为实现新征程创造条件。①另一方面,新时代社会主要矛盾的解决依托于社会变革和进步,而新征程恰恰是新时代中国特色社会主义伟大实践和伟大社会革命的主要内容,因此唯有建成社会主义现代化强国才能从根本上解决新时代的社会主要矛盾②。

2.全面建成小康社会为新征程提供宝贵经验、贡献中国智慧

全面建成小康社会和全面建设社会主义现代化强国新征程的核心都是"全面"二字,而两个"全面"之间也有着紧密的联系——前者是后者的准备和基础、后者是前者的继续和拓展。③与此同时,两个"全面"所涉领域也大致相同:其一,发展领域的全面性,即在系统观念指导下,统筹兼顾经济建设、政治建设、文化建设、社会建设、生态文明建设,不过两个"全面"的发展目标有所差异,前者以小康为目标、后者以现代化为目标;④其二,覆盖人口的全面性,即发展成果由人民共享,虽然两个"全面"的目标有所差异,但全面建成小康社会的重点关注对象——农村和贫困地区人口,也将成为新征程的焦点对象。正因如此,党才会在开启新征程的初期,实施乡村振兴战略来巩固脱贫攻坚战的成果;⑤其三,覆盖地域的全面性,即缩小城乡之间、地域之间的发展差距,统筹城乡发展、处理好沿海和内地的关系,尤其重视民众收入水平、基础设施建设、基本公共服务等与民生直接相关领域的公平性。⑥

---

① 颜晓峰:《社会主要矛盾变化与全面建设社会主义现代化国家》,《思想理论教育》,2019年第7期。

② 颜晓峰:《社会主要矛盾变化与全面建设社会主义现代化国家》,《思想理论教育》,2019年第7期。

③ 周文彰:《开启全面建设社会主义现代化国家新征程》,《红旗文稿》,2020年第16期。

④ 周文彰:《开启全面建设社会主义现代化国家新征程》,《红旗文稿》,2020年第16期;颜晓峰:《社会主要矛盾变化与全面建设社会主义现代化国家》,《思想理论教育》,2019年第7期。

⑤ 周文彰:《开启全面建设社会主义现代化国家新征程》,《红旗文稿》,2020年第16期。

⑥ 周文彰:《开启全面建设社会主义现代化国家新征程》,《红旗文稿》,2020年第16期。

因此,在从第一个"全面"向第二个"全面"飞跃的关键时期,我们需要总结全面建成小康社会的宝贵经验、为新征程贡献中国智慧。正如习近平强调的"我们回顾历史……是为了总结历史经验、把握历史规律,增强开拓前进的勇气和力量"①。这些经验包括坚持和加强党的全面领导,在党的核心领导下发挥全体人民的力量;在"四个全面"战略布局下,既要处理好新征程与其他三个"全面"的关系、处理好战略目标与战略举措之间的关系,又要处理好新征程这个小系统的内部关系;在新发展理念和高质量发展的引领下,发挥中国特色社会主义的制度优势,走好中国式现代化道路。②

(二)新征程是实现中华民族伟大复兴的关键阶段

新征程的长期目标指向明确,且与实现中华民族伟大复兴的中国梦(实现国家富强、民族振兴、人民幸福)不谋而合。而中国梦的实现,不仅要以发达的生产力和与之相匹配的先进生产关系、具有独特优势的社会制度和坚定的民族自信为基础,还需要接受科学理论的指导、党的全面领导、人民群众的广泛支持。③上述条件可以在新征程的伟大实践中得以实现,因此新征程是实现中华民族伟大复兴的关键阶段。

1.在中华民族伟大复兴的战略全局中把握新征程的历史方位

综观中华民族伟大复兴的长期历史,可以发现新征程不仅是其中的关键阶段,是中华民族由"富起来"走向"强起来"的重要阶段;④还是我国社会主义发展进程中的重要阶段,是党的十三大提出社会主义初级阶段时强调的"全民奋起,艰苦创业,实现中华民族伟大复兴的阶段"的一个重要阶

---

① 习近平:《在庆祝中国共产党成立95周年大会上的讲话》,《求是》,2021年第8期。

② 周文彰:《开启全面建设社会主义现代化国家新征程》,《红旗文稿》,2020年第16期。

③ 金民卿:《实现中华民族伟大复兴视野下的全面建设社会主义现代化国家新征程》,《党的文献》,2021年第1期。

④ 陈金龙、钟文苑:《全面建设社会主义现代化国家的内涵、方位与功能》,《思想理论教育》,2021年第1期。

段。①虽然改革开放以来,我国经历了从"处于并将长期处于社会主义初级阶段""两大历史性转变"到"中国特色社会主义进入新时代"的伟大飞跃,②但新征程仍处于社会主义初级阶段这个大背景。不过,虽然新征程仍属于初级阶段,但相较于此前的全面建成小康社会时期,它谋求的是更高水平的国家现代化、要求的是更高质量的发展、期待建成的是社会主义现代化强国。

此外,新征程还是党对现代化的认识不断深化的现实体现,自1953年实施第一个五年计划以来,我国的现代化建设经历了从以工业化强国为核心的"四个现代化"、到"小康社会"的现代化、再到"富强民主文明和谐美丽的社会主义现代化强国"的历史演变。③表面上,这种演变反映了党对社会主义现代化"基本内涵"的认识不断深化,即由"三位一体"(经济、政治、文化)、到"四位一体"(经济、政治、文化、社会)、再到"五位一体"(经济、政治、文化、社会、生态文明)的重要转变。实际上,我们走的现代化道路的内在本质并没有变,仍体现了追求"全体人民走向共同富裕"④的根本目标,变的不过是不同时期为人民服务的具体内容。

2.新征程可以将中华民族伟大复兴从奋斗目标转为客观存在

新征程与中华民族伟大复兴的中国梦有着相似的内涵与目标。其一,就主体而言,新征程的主体是国家的现代化、与中国梦"实现国家富强"⑤的目标相一致,这就意味着我们推进国家现代化的途径和方式也能助力实现

---

① 秦宣:《全面建设社会主义现代化国家新征程"新"在何处?》,《科学社会主义》,2021年第1期。

② 徐德莉:《全面建设社会主义现代化国家的理论逻辑与实践向度》,《中国高校社会科学》,2021年第5期。

③ 徐德莉:《全面建设社会主义现代化国家的理论逻辑与实践向度》,《中国高校社会科学》,2021年第5期。

④ 徐德莉:《全面建设社会主义现代化国家的理论逻辑与实践向度》,《中国高校社会科学》,2021年第5期。

⑤ 陈金龙、钟文苑:《全面建设社会主义现代化国家的内涵、方位与功能》,《思想理论教育》,2021年第1期。

"国家富强"目标;其二,就领域而言,新征程要求"五位一体"全方位的现代化,而这种涵盖国家治理体系和治理能力现代化、社会主义现代化、人的全面发展等领域的现代化,①恰恰符合中国梦"实现民族复兴"这一目标的各项要求;其三,就本质而言,新征程还要求实现人的现代化,这一要求又恰好与中国梦"实现人民幸福"的目标不谋而合,也就是说,我们可以通过为人民搭建全面发展的现代化平台(教育现代化、人与自然和谐共生的现代化等)来满足人民群众对美好生活的期待。由此可知,新征程可以将中国梦从奋斗目标转化为客观存在。而若想完成这种转换、推进中国式现代化,我们就需要坚持中国共产党的全面领导,把握住发展主动权、牢牢抓住一切发展机遇,不断推进马克思主义中国化时代化新境界。②

(三)新征程是提升中国国际地位和影响力的重要阶段

习近平曾多次强调要"以中国式现代化全面推进中华民族伟大复兴"。中国式现代化是将新征程与中国梦连接起来的桥梁,它既体现了社会主义现代化的本质(新征程的顺利开启意味着中国式现代化取得成功),又是实现中华民族伟大复兴的必由之路。③而中国式现代化不仅可以为发展中国家现代化建设提供中国方案,还能拓宽走向现代化的途径、为人类文明进步不断贡献中国智慧。因此,在新征程的接续奋斗中,我国国际地位和影响力可以得到进一步提升。

1.中国式现代化是实现民族复兴中国梦的必由之路

近代以来,现代化成为世界各国普遍追求的目标。不过,由于现代化的

---

① 陈金龙、钟文苑:《全面建设社会主义现代化国家的内涵、方位与功能》,《思想理论教育》,2021年第1期。

② 张东刚:《奋力谱写全面建设社会主义现代化国家崭新篇章》,《教学与研究》,2022年第10期。

③ 张东刚:《奋力谱写全面建设社会主义现代化国家崭新篇章》,《教学与研究》,2022年第10期。

内涵非常丰富,不同国家对现代化的理解也有所差异,因此各国选择的现代化道路和实现方式也大相径庭。正如习近平所言:"一切成功发展振兴的民族,都是找到了适合自己实际的道路的民族。"①就我国而言,我们选择"以中国式现代化全面推进中华民族伟大复兴",尤其是通过中国特色社会主义制度的现代化建设来推动中国梦的实现。我国独特的制度优势不仅为改革开放以来取得的重大成就作出了巨大贡献,还为新征程的顺利开启奠定了坚实的物质和制度基础。②此外,制度现代化不仅是全面建设社会主义现代化国家的重要内容之一,还是新征程能够顺利实现的根本保障,③也就是说"任何现代化都建立在一定的制度基础上,现代化本身就是各种制度的产物之一"④。除制度优势外,中国式现代化还有非常丰富的内涵,如全体人民共同富裕的现代化、走和平发展道路的现代化等,这些内容既是我国现代化道路百余年探索的经验总结,又是全面现代化的基础和低阶形态;既是新征程的重要内容,又是实现中国梦的必由之路。因此,在新征程上,随着中国式现代化的持续推进,中国梦的实现指日可待,我国国际地位和影响力也会随之提升。

2.中国式现代化为全人类现代化道路提供中国智慧

"建设什么样的现代化强国?如何提升现代化水平?"是当今世界各国都普遍面临的一大难题。改革开放以来,我国走上了一条与西方现代化大相径庭的道路,且这条道路的发展速度和效率让世界惊叹。一些国家在好奇我国成功经验的同时,也纷纷走上了效仿之路。对此,我国不仅在马克思主义基本理论的指导下,结合民族复兴中国梦的具体要求,总结现代化探索

---

① 《习近平关于社会主义政治建设论述摘编》,中央文献出版社,2017年,第20~21页。
② 龚剑飞:《全面建设社会主义现代化国家的制度逻辑与实践路径》,《湖南科技大学学报》(社会科学版),2021年第5期。
③ 龚剑飞:《全面建设社会主义现代化国家的制度逻辑与实践路径》,《湖南科技大学学报》(社会科学版),2021年第5期。
④ 杜玉华、俞佳奇:《国家治理现代化的制度基础及其在中国的实践策略》,《学术研究》,2020年第5期。

的百年经验,提出了"中国式现代化",还将现代化建设经验毫无保留地分享给全世界,创造了人类文明新形态。从影响对象来看,中国式现代化的提出具有三重意义:其一,对全球而言,中国式现代化为探索全人类现代化道路提供中国方案,尤其是那些追求国家独立和民族复兴的后发国家。随着时代的发展,如果它们仍然对传统的西式现代化道路"水土不服",便可以尝试更符合发展中国家国情的"中国方案"。其二,对社会主义国家而言,中国式现代化为科学社会主义的新发展提供中国实践。"如何完善社会主义制度和国家治理体系"是科学社会主义实践中的重大课题,世界社会主义事业曾一度因没有解决好这个问题而陷入低谷。①而新征程的开启不仅意味着中国特色社会主义建设取得了伟大成就,还推动了科学社会主义在21世纪焕发出蓬勃生机,并为其他社会主义国家的现代化建设提供中国经验。②其三,对我国而言,中国式现代化为提高我国国际影响力和话语权提供助力。现代化建设实践不仅提升了我国的硬实力,使其有能力推动国际秩序和全球治理体系改革;还增强了我国的软实力,使我国的"负责任大国形象"和"大国气质"愈发深入人心。

二、新征程为推进马克思主义中国化时代化提供理论创新空间

党的二十大报告指出:"推进马克思主义中国化时代化是一个追求真

---

① 龚剑飞:《全面建设社会主义现代化国家的制度逻辑与实践路径》,《湖南科技大学学报》(社会科学版),2021年第5期。
② 龚剑飞:《全面建设社会主义现代化国家的制度逻辑与实践路径》,《湖南科技大学学报》(社会科学版),2021年第5期。

理、揭示真理、笃行真理的过程。"①从马克思主义辩证法视角分析,可以发现新征程与马克思主义中国化时代化之间存在辩证统一关系:一方面,马克思主义中国化时代化为新征程的顺利开启和接续奋进提供科学的理论指导;另一方面,面对新征程中出现的新情况(世界之变、时代之变等)和新问题(中国之问、时代之问等),党领导人民采取的新举措、进行的新实践都会不断推进马克思主义中国化时代化。与此同时,这些实践经验还会为世界各国解决发展难题和现代化困境提供新思路和新办法,正如习近平所言:"把中国实践总结好,就有更强能力为解决世界性问题提供思路和办法。"②

(一)新征程把握世界之变、时代之变、历史之变,继续推进马克思主义中国化时代化新的飞跃

党的十八大以来,以习近平同志为核心的党中央科学研判我国基本国情、精准把握21世纪时代潮流、为时代课题找寻中国答案,将马克思主义基本原理同中国具体实际相结合、同中华优秀传统文化相结合,创立了习近平新时代中国特色社会主义思想,并在党的十九届六中全会上以历史决议的形式确定了习近平新时代中国特色社会主义思想的历史地位,指出它实现了马克思主义中国化新的飞跃。开启新征程的物质基础——新时代的伟大成就、中华民族迎来从富起来到强起来的伟大飞跃,便是在新时代党的创新理论指导下取得的,因此新征程的接续奋斗既需要坚持习近平新时代中国特色社会主义思想的指导,又将为马克思主义中国化时代化新的飞跃拓宽理论创新空间、提供实践经验。

1.新征程以习近平新时代中国特色社会主义思想为理论指导

习近平新时代中国特色社会主义思想科学解读和总结了社会主义现代

---

① 习近平:《高举中国特色社会主义伟大旗帜 为全面建设社会主义现代化国家而团结奋斗——在中国共产党第二十次全国代表大会上的报告》,人民出版社,2022年,第16页。
② 《习近平谈治国理政》(第二卷),外文出版社,2017年,第340页。

化建设规律,不仅能为新征程提供方向指引和理论指导,还能为全面建设社会主义现代化强国提供具体战略安排。其中,"两个布局"("五位一体"总体布局和"四个全面"战略布局)及其蕴含的统筹协调思想,既直观反映了社会主义现代化的本质特征和内在规律,又为解决资本主义现代化根本矛盾提供有效方案。①

　　一方面,新征程依托的统筹协调思想,是马克思主义现代化理论与我国新时代新矛盾相结合、与我国传统的中庸之道和兼收并蓄文化相结合的产物。统筹协调社会关系、社会结构和社会机制是马克思主义现代化理论的重要内容,②而这种思想与中国传统的中庸之道不谋而合。自古以来,中国传统文化一直强调兼收并蓄,即通过吸收、融合世界各民族优秀文化来维系生机和活力,如何平衡这些文化之间的关系便是其中的关键问题,而我们推崇的中庸之道便是平衡统筹思想的最高境界。与此同时,这种统筹协调思想不仅能解决我们当前面临的"不平衡不充分的发展之间的矛盾",还符合新征程长期建设目标的需要。在新征程中我们推进的中国式现代化,便是统筹协调物质文明与精神文明、人与自然、安全与发展等重大关系的现代化。

　　另一方面,新征程实施的"两个布局"战略,是社会主义现代化内在规律与我国处于社会主义初级阶段基本国情相结合、与中华民族伟大复兴的中国梦相结合的产物。新征程的基本要求与中国梦的美好期待大体一致,而"两个布局"既满足了这种要求,又体现了社会主义现代化的内在规律——全面与重点、整体性与阶段性、普遍性与特殊性之间的辩证关系。③具体而言,"五位一体"总体布局与社会主义初级阶段的几大矛盾之间反映了全面发展与重点建设之间的辩证关系,新征程的两个阶段目标与中国梦的总体

---

①　颜晓峰:《马克思主义现代化理论的创新实践》,《人民论坛》,2019年第15期。
②　颜晓峰:《马克思主义现代化理论的创新实践》,《人民论坛》,2019年第15期。
③　颜晓峰:《马克思主义现代化理论的创新实践》,《人民论坛》,2019年第15期。

要求之间蕴含整体性与阶段性的辩证关系,中国式现代化的伟大实践与全人类现代化道路之间体现矛盾普遍性与特殊性的辩证关系。由此可知,新征程的思想指引和具体布局都体现了"两个结合"思想,而习近平新时代中国特色社会主义思想又是"两个结合"的最新理论成果,①因此新征程的接续奋斗需要坚持习近平新时代中国特色社会主义思想的理论指导和方向指引。

2.新征程的接续奋斗将谱写马克思主义中国化时代化新篇章

从马克思主义哲学理论与实践的辩证关系来看,党领导广大人民谋求民族复兴的百余年奋斗史便是党推动马克思主义中国化时代化实现三次飞跃的理论发展史。也就是说,马克思主义中国化时代化重大理论成果的取得,依托于中国共产党人在不同历史时期对世界之变、时代之变、历史之变的全面把握,依托于党的领导人精准识别基本国情、主要矛盾和阶段性任务的变与不变,依托于党领导人民在理论延续和继承的基础上不断拓宽理论创新空间。其中,马克思主义中国化时代化的创新起点和主线脉络始终保持不变,即回答时代之问和人民之问的"总命题"、围绕"四个坚持"提出的"总要求"、实现中华民族伟大复兴的"总任务",始终是党进行理论创新的逻辑起点。②然而在不同发展阶段,党面临的主要矛盾和阶段性任务却时常发生改变,而解决这些矛盾的实践经验不断推动马克思主义中国化时代化谱写新篇章。

具体而言,面对新民主主义革命时期的独立和解放问题、社会主义革命时期的社会转变和道路确立问题、社会主义建设时期的安全和发展问题,党领导人民开展的系列实践推动了马克思主义中国化第一次历史性飞跃——创立了毛泽东思想;③面对改革开放和社会主义现代化建设新时期国内外局

---

① 习近平:《在庆祝中国共产党成立100周年大会上的讲话》,《求是》,2021年第14期。
② 刘红凛:《百年来党的理论创新与马克思主义中国化的三次飞跃》,《人民论坛·学术前沿》,2021年第36期。
③ 颜晓峰:《马克思主义中国化实现飞跃的重要规律》,《理论与现代化》,2022年第5期。

势的新变化和我国发展的新问题,党基于改革开放的伟大实践构建中国特色社会主义理论体系,推动马克思主义中国化新的飞跃;①面对新时代社会主要矛盾和阶段任务的新变化,以习近平同志为核心的党中央基于问题导向提出的新理论、制定的新战略安排,创立习近平新时代中国特色社会主义思想,推动了马克思主义中国化实现第三次飞跃。由此可知,在新征程的接续奋斗中,党提出的一系列新理念新思路新办法,可以在应对新情况、解决新问题、完成"全面建设社会主义现代化强国和长期执政的马克思主义政党"主要课题的同时,谱写马克思主义中国化时代化的新篇章。

(二)新征程回答中国之问、世界之问、人民之问、时代之问,开辟马克思主义中国化时代化新境界

在党的百余年理论创新史上,马克思主义中国化时代化新境界的开辟是由诸多因素合力推动而成,包括马克思主义自我批判的理论动力、解决中国社会现实问题的实践动力、广大党员群众提供的主体动力等。而这些动力在不同历史时期和发展阶段具有不同的表现形式,也就是说,我们所面临的中国之问、世界之问、人民之问、时代之问会有所差异。那么,在新征程上,"建设什么样的社会主义现代化强国、怎样建设社会主义现代化强国"便是习近平新时代中国特色社会主义思想需要回答的一个重大时代课题,而在"两个结合"指导下探寻的解题答案会在推动马克思主义中国化时代化中发挥新作用。

1.新征程的中国之问是马克思主义中国化的内在动力

从横向上看,马克思主义中国化强调的是理论的地域适用性问题,是普遍性与特殊性之间的辩证关系,是马克思主义在中国的本土化问题。它既要求我们运用马克思主义基本原理来解答中国革命、建设和改革中的实际

---

① 颜晓峰:《马克思主义中国化实现飞跃的重要规律》,《理论与现代化》,2022年第5期。

问题,又要求我们用中国特色的实践和理论来丰富发展马克思主义。而这两项要求都紧紧围绕着中国问题展开,都强调坚持问题导向的重要性。这不仅因为百余年党史就是一部党运用马克思主义理论认识问题、分析问题、解决问题的历史,还因为问题导向可以指明发展方向、提升理论和实践的彻底性、推动思想解放和理论创新。因此,在新征程的接续奋斗中,我们仍需围绕问题展开,尤其需要科学回答"如何在新发展阶段,立足新历史方位,全面建设社会主义现代化强国?"的中国之问和人民之问。

对此,我们不仅要从马克思主义和中华优秀传统文化中汲取新思路,搭建二者之间的新桥梁,找寻解决问题的新方案。例如,运用统筹协调思想来谋划国家发展的战略全局、基于马克思主义国家理论和传统文化的"天下大同"思想提出人类命运共同体理念等;还要提高理论与实践之间的适配度,也就是从问题的特殊性出发、重点提高理论针对性,从问题的实效性出发、增强理论指导实践的实际效用。因此,系统回答新征程的中国之问,可以为马克思主义中国化提供内在动力和广阔空间。

2.新征程的时代之问是马克思主义时代化的外驱动力

从纵向上看,马克思主义时代化强调的是理论的时效性和动态性问题,是整体性与阶段性之间的辩证关系,是马克思主义与新时代同频共振的关键问题。它既要求我们激发马克思主义在中国特色社会主义新时代的生机和活力、探寻经典理论的当代意义,又要求我们在解答时代之问的过程中把握时代脉搏、引领时代潮流。而完成上述要求的关键在于立足党理论创新的百年历程,探索马克思主义时代化的动力机制。正如习近平所言:"在一百年的奋斗中,我们党始终以马克思主义基本原理分析把握历史大势,正确处理中国和世界的关系,善于抓住和用好各种历史机遇。"[1]因此,在新征程的接续奋斗中,我们需要立足"两个大局"回答"如何在新时代坚持和发展中

① 《习近平在党史学习教育动员大会上强调　学党史悟思想办实事开新局　以优异成绩迎接建党一百周年》,《人民日报》,2021年2月21日。

国特色社会主义?"和"如何深刻认识科学社会主义的时代发展及其前景?"的时代之问。①对此,我们既要从国内视角出发,基于理论指导和调查研究,发现新情况、识别新问题、解析问题产生的原因,进而推动理论创新。例如随着改革开放的深入,我国的总体布局由"三位一体"逐渐演变为"五位一体";又要从国际视角出发,分析世界百年未有之大变局的变与不变、机遇和挑战,而在找寻应对之策时,我们需要着重权衡理论的深度与广度、适用范围和实际效用之间的关系。因此,系统回答新征程的时代之问,既能为人类现代化发展提供中国方案,还能为马克思主义时代化提供外驱动力。

三、新征程为推进马克思主义中国化时代化
提供创新实践空间

综观百余年党史,在党领导人民从建设小康社会到全面建成小康社会的不断探索中,党创造了中国式现代化新道路、创造了人类文明新形态。这种伟大创造不仅开辟了马克思主义中国化时代化新境界,还为中国化时代化马克思主义指导具体实践提供了创新空间。那么,在接续奋斗的新征程中,中国式现代化新道路不仅是全面建成社会主义现代化强国、实现中华民族伟大复兴的必由之路,还会依托新征程的实践经验推动马克思主义中国化时代化。若要做到这一点,我们既需要准确把握两者关系,深刻理解习近平指出的"要深刻理解中国式现代化理论和全面建设社会主义现代化国家战略布局的关系,认识到前者是后者的理论支撑,从而深刻理解全面建设社会主义现代化国家战略布局的科学性和必然性"②重要论述;还要依托新征程的使命任务来丰富发展中国式现代化理论,基于新征程的战略布局深化

---

① 颜晓峰:《马克思主义中国化的三次飞跃》,《世界社会主义研究》,2022年第3期。
② 习近平:《在二十届中央政治局第一次集体学习时的讲话》,《求是》,2023年第2期。

对社会主义现代化建设规律性认识,为推进马克思主义中国化时代化提供创新实践空间。

(一)新征程植根于全面推进中国式现代化的伟大实践

回顾党领导人民推动现代化建设的奋斗历程,不难发现,把握好中华民族伟大复兴总进程和各发展阶段之间的整体性和阶段性的辩证关系是一个关键问题。从目标维度来看,由于中国梦的实现需要分若干阶段来完成,新征程的接续奋斗是同心赓续中国梦的关键阶段,两者有着相似目标,但新征程的目标并不是对中国梦目标的"机械拆解"和"逐一对应",而是立足前几个发展阶段所取得的成果,继续推进总目标的实现。对该问题的把握可以参照马克思、恩格斯在《德意志意识形态》里的相关论述,即"每一代都立足于前一代所奠定的基础上,继续发展前一代的工业和交往"、通过不断"使现存世界革命化,实际地反对并改变现存的事物"①。而在每个发展阶段,党都领导人民通过有效结合马克思主义基本原理和中国国情、通过社会主义建设实践,不断深化对"什么是现代化、怎样建设中国式现代化"的认识。其中,新征程处于承上启下的阶段,上承新中国成立以来推进社会主义现代化的伟大实践,下启全面建成社会主义现代化强国。因此,新征程的开启根植于中国特色社会主义现代化建设的伟大实践,而新征程的实现还需进一步拓宽马克思主义中国化时代化的创新实践空间。

1. 新征程上承中国式现代化百年探索的宝贵经验

综观中国近代史,早在19世纪中叶,便有无数仁人志士为中华民族伟大复兴而奋力拼搏;从建党开始,历代领导人都把现代化视为实现民族复兴的重要手段、不断探索中国式现代化建设道路。百余年来,党对现代化的系统性、战略性、整体性和阶段性认识已经逐渐完善、达到新高度。

---

① 《马克思恩格斯文集》(第一卷),人民出版社,2009年,第527~528页。

第一，从总体布局来看，党的现代化布局经历了从部分到整体的转变，遵循"中国工业化进程→四个现代化→三位一体→四位一体→五位一体"的演进路径。具体而言，在新民主主义革命时期，毛泽东提出实现"工业化和农业现代化"的建设目标，并据此制定了党在过渡时期的总路线——"一化三改"；在社会主义初步探索时期，毛泽东又在1959年提出"四个现代化"战略目标，涵盖工业、农业、科学、文化、国防等领域；改革开放以来，党的现代化建设领域进一步拓展并初步形成建设体系，即党的十五大明确提出"三位一体"的现代化建设总体布局，党的十七大将现代化领域拓展到社会建设维度、提出更高要求的"四位一体"总布局，党的十八大明确了涵盖政治、经济、文化、社会、生态文明在内的"五位一体"总体布局。

第二，从空间布局来看，党的现代化实践经历了从局部到全局的转变，遵循"平衡工业发展布局→两个大局→四大板块→一轴两翼＋一带一路"①的演进路径。具体而言，在社会主义探索初期，毛泽东便提出要重视工业发展布局的平衡性问题，尤其是"沿海和内地工业基地"之间的关系，回答"如何在发挥沿海地区原有工业潜力的同时，推动内地工业发展"这个重要问题；在改革开放后，邓小平作出"两个大局"战略部署，即优先发展沿海地区、再由沿海支持内地、最终实现两个区域的均衡发展；在新世纪新发展阶段，党的领导人根据实践经验，提出"四大板块"战略规划；在新时代的伟大实践中，习近平在既有布局的基础上，创新性地提出国内"一轴两翼"和国际"一带一路"这两个相辅相成的区域发展战略规划。②

第三，从时间布局来看，党逐渐平衡和把握整体性和阶段性的辩证关系，发展规划按照"两步走→三步走→新三步走→两步走"③逻辑演变。具体而言，党的八大提出"两步走"战略规划，计划在15年内初步实现工业化，再

---

① 王永贵：《深刻把握中国式现代化新飞跃的四维向度》，《南京社会科学》，2023年第1期。
② 王永贵：《深刻把握中国式现代化新飞跃的四维向度》，《南京社会科学》，2023年第1期。
③ 王永贵：《深刻把握中国式现代化新飞跃的四维向度》，《南京社会科学》，2023年第1期。

用几十年时间接近或赶超美国；党的十三大提出"三步走"规划，不仅对20世纪后20年进行规划，还提出"2050年基本实现现代化"目标；党的十五大在实现"三步走"前两步的基础上，提出"新三步走"战略，对21世纪的前20年进行具体规划；①党的二十大则立足全面建成小康社会的伟大实践，谋划21世纪前半个世纪的后30年的发展战略，并将2050年目标细化为全面建成富强民主文明和谐美丽的社会主义现代化强国。因此，新征程植根于中国式现代化的百年实践，立足党对现代化认识所达到的新高度，为推进马克思主义中国化时代化提供广阔的实践空间。

2.新征程下启全面建成社会主义现代化强国的伟大实践

若想顺利实现新时代新征程的奋斗目标，我们就需要处理好两对关系——整体性和阶段性、全面性和局部性。

第一，发展阶段的整体性和阶段性。如果将历时30年的新征程视为整体的话，那么我们既需要分别考虑2020—2035年、2035—2050年这两个阶段与整体之间的关系，又需要考虑这两个阶段之间的关系。对于前者而言，我们需要在制定阶段性发展目标时，以整个新征程为观照，在探索和尊重客观发展规律的基础上尽可能发挥主观能动性，推动马克思主义中国化时代化的理论和实践创新，继而为新征程伟大实践的贯彻落实奠定基础。②对于后者而言，我们需要考虑这两个阶段的先后顺序和衔接关系，科学研判不同阶段所面对的不同情形、需解决的不同问题，并统筹兼顾政策制定和落实的时效性和长期性。就目前而言，我们需要立足"世界百年未有之大变局""中华民族伟大复兴战略全局""国内国际两个大局叠加"三重视野，贯彻落实党的二十大报告提出的发展要求和路径，为推动新征程的接续奋斗提供根本

① 王永贵：《深刻把握中国式现代化新飞跃的四维向度》，《南京社会科学》，2023年第1期。
② 刘新刚、王子旭：《全面建成社会主义现代化强国战略安排的整体性与阶段性的辩证关系探讨》，《管理学刊》，2022年第6期。

遵循。①

　　第二，发展领域的全面性和局部性。新征程的总目标不仅对发展领域提出了全面性要求，还对发展质量和层次提出了更高要求。这要求我们通过拆解目标和目标倒推法来寻找解决之道。一方面，通过拆解目标，可以发现新征程的目标涵盖"五位一体"全部领域，对经济富强、政治民主、文化繁荣、社会和谐、生态美丽等目标都提出了较高要求。对此，我们不仅可以逐一突破每个领域的发展困境、完成各局部目标；还需兼顾全局和局部之间的关系，把握局部目标在总目标的占位，知晓如何运用局部发展来推动全局进步。另一方面，通过目标倒推法，可以根据各个目标实现的难易程度、各领域面临的困境，有针对性地制定发展战略。与此同时，我们还需要统筹兼顾局部领域之间的关系，既要兼顾各领域发展的步调一致性，又要调和各领域发展之间的冲突，尤其要避免以牺牲某领域为代价来发展其他领域的现象出现。

(二)新征程的使命任务丰富发展中国式现代化理论

　　习近平指出："中国式现代化是新征程的理论支撑。"②我们可以运用马克思主义基本理论来深入解读这个重要论断、进一步探索二者之间的关系。一方面，新征程使命任务的完成需要中国式现代化理论的指导，反过来，党领导人民进行的伟大实践会为中国式现代化提供理论指导实践、实践检验理论的广阔空间。另一方面，为完成全面建成社会主义现代化强国的使命任务，党还会通过将马克思主义基本理论与新征程具体实际相结合、与中华优秀传统文化相结合的"两个结合"，推动中国式现代化理论创新、开辟马克思主义中国化时代化新境界。因此，我们既需要在理论上，系统把握"全面

　　①　刘新刚、王子旭：《全面建成社会主义现代化强国战略安排的整体性与阶段性的辩证关系探讨》，《管理学刊》，2022年第6期。
　　②　习近平：《在二十届中央政治局第一次集体学习时的讲话》，《求是》，2023年第2期。

现代化"和"中国式现代化"的逻辑关系；又需要在实践中，全面分析"哪些具体实践会推动新征程顺利进行？""这些实践如何丰富发展中国式现代化理论？"等问题。

1.理论上，新征程是中国式现代化理论的高阶形态

全面现代化是连接新征程与中国式现代化的桥梁，它既是前者的使命任务之一，又是后者的高阶形态，以人的现代化为核心的全方位、高质量现代化。①唐爱军指出，广义上，中国式现代化是指"党领导的社会主义现代化道路，是改革开放以来所形成的中国特色社会主义道路"，而全面现代化"从属于中国式现代化，是其发展到后小康时代的、不同于小康式现代化的现代化类型"。②也就是说，新征程会在中国式现代化理论指导下开展实践，使命任务的实现也意味着中国式现代化道路的成功；新征程会传承中国式现代化建设的宝贵经验，包括坚持党的全面领导、坚持马克思主义的指导地位、坚持中国特色社会主义道路、坚持从国情出发自主选择发展道路、坚持实践基础上的理论创新、坚持全体中国人民的团结奋斗、坚持全面从严治党等；③新征程是中国式现代化道路的未来指向，它总结的实践经验会自然而然地推动中国式现代化理论的丰富和完善。

2.实践上，新征程为中国式现代化提供实践创新空间

在新征程的伟大实践中，"全面现代化"主要是指发展领域和层次的全面化，即涵盖经济体系、农业农村、科学技术、国家治理体系和治理能力、教育、公共卫生治理体系和治理能力、人与自然和谐共生等领域的现代化。④

---

① 唐爱军：《论全面现代化——关于全面建设社会主义现代化国家的解释框架》，《上海师范大学学报》（哲学社会科学版），2021年第5期。

② 唐爱军：《论全面现代化——关于全面建设社会主义现代化国家的解释框架》，《上海师范大学学报》（哲学社会科学版），2021年第5期。

③ 陈金龙、钟文苑：《全面建设社会主义现代化国家的内涵、方位与功能》，《思想理论教育》，2021年第1期。

④ 颜晓峰：《建设社会主义现代化强国重大时代课题的科学回答》，《江海学刊》，2022年第3期。

党的二十大报告不仅对各个领域的现代化建设作了针对性、专门性战略部署，还对它们在新征程总体布局中的地位作了准确说明，即提出"高质量发展是首要任务""教育、科技、人才是基础性、战略性支撑""人民民主是应有之义""尊重自然、顺应自然、保护自然是内在要求""如期实现建军一百年奋斗目标是战略要求"等。而完成上述目标要求的具体实践会持续不断地为中国式现代化的理论创新、为理论指导实践提供广阔空间。与此同时，各领域的现代化建设是新征程亟待解决的关键问题，尤其是共同推进人的全面发展和社会全面进步，①习近平强调："现代化的本质是人的现代化"，因此中国式现代化的五大特征中有三个都与人或人民群众相关。那么，"如何延续和发展这些特征？如何保持中国式现代化理论的先进性？如何拓展实践检验和推动理论创新的空间？"这些问题都可以在新征程的伟大实践中找到答案。

（三）新征程的战略布局深化社会主义现代化建设规律认识

依托深厚的理论和实践基础，新征程的战略布局具有全面建设和系统布局的制度优势，"全面是现代化的应有之义，系统布局是现代化的必然要求"②。在理论布局中，新征程的谋篇布局依托马克思主义现代化理论和中华优秀传统文化中的中庸之道，提出"两个布局"理念，来达到中国特色社会主义现代化的标准要求。在实践布局中，新征程的统筹推进遵循社会主义现代化的基本规律，针对社会主义初级阶段基本国情和新时代新矛盾，提出贯彻落实"两个布局"的具体思路和方法。与此同时，在理论和实践布局的

---

① 颜晓峰：《建设社会主义现代化强国重大时代课题的科学回答》，《江海学刊》，2022年第3期。

② 颜晓峰：《全面建设社会主义现代化国家的系统布局》，《马克思主义理论学科研究》，2020年第6期。

双向互动中,新征程的战略布局运行得更加平稳有序,①不仅能在马克思主义中国化时代化理论成果的指导下贯彻落实布局思想,还能在推进系统布局的实践中深化对社会主义现代化建设规律的认识进而拓宽理论和实践创新空间。

1.新征程的统筹推进要依托马克思主义现代化理论

新征程的系统布局是全面建设社会主义现代化国家的基本前提。面对国内外错综复杂的发展形势和艰巨繁重的改革任务,为回答"如何抓住机遇、应对挑战、突破发展困境、转变发展方式"等问题,党领导人民创造性地提出"五位一体"总体布局和"四个全面"战略布局。这"两个布局"思想既以马克思主义现代化理论和系统观念为理论基础,又是对马克思主义相关理论的创新发展。②这种理论联系渠道主要通过理论和实践布局搭建起来:在理论上,"两个布局"思想覆盖了我国发展的全部领域、全部层次和全体人民,达到了现代化系统布局的标准要求。③在实践中,党需要运用系统观念来统筹推进"两个布局",也就是站在大局维度,将经济建设、政治建设、文化建设、社会建设、生态文明建设视为一个系统来整体把握,将"四个全面"视为一个有机整体来统筹谋划。④此外,新征程的目标不仅是"全面现代化",还要求建设现代化强国、开创"中华民族伟大复兴的强国时代",也就是推动科技、制造、质量、网络、文化、教育、人才等领域达到世界一流强国水平。⑤若要做到这一点,我们就不能仅用系统思维谋划总体布局,而要将系统理念融入具体领域的建设中,即将政治、经济、文化等建设领域视为一个整体、分

---

① 颜晓峰:《全面建设社会主义现代化国家的系统布局》,《马克思主义理论学科研究》,2020年第6期。

② 颜晓峰:《马克思主义现代化理论的创新实践》,《人民论坛》,2019年第15期。

③ 颜晓峰:《全面建设社会主义现代化国家的系统布局》,《马克思主义理论学科研究》,2020年第6期。

④ 颜晓峰:《全面建设社会主义现代化国家的系统布局》,《马克思主义理论学科研究》,2020年第6期。

⑤ 颜晓峰:《建设社会主义现代化强国重大时代课题的科学回答》,《江海学刊》,2022年第3期。

析其内部结构的合理性和要素之间的关系。例如,在建设经济强国时,我们不仅要立足宏观形势、提出"利用两个市场和国内国际两种资源、推动开放型经济建设"的发展方案;还要聚焦在微观落实层面,科学研判两个市场、两种资源之间的理论逻辑关系和实践关系,提出更具可行性的发展方案。

2.新征程的战略布局要遵循社会主义现代化基本规律

从纵向上看,新征程的战略安排是以 2035 年和 2050 年为关键时间节点,按照"两步走"规划逐步实现各阶段战略目标。如果立足世界社会主义现代化建设的大局,可以发现我国恰好在 21 世纪马克思主义大发展重大历史机遇期开启新征程。[1]虽然人类的现代化是在资本主义产生后出现的,但马克思、恩格斯指出:"社会主义是在继承资本主义文明成果基础上对资本主义的否定和改造,是在各个领域创造出高于和优于资本主义现代化的新型现代化。"[2]因此,我国新征程的实现将催生一场伟大革命、推动 21 世纪马克思主义的重大理论创新,并为其他社会主义国家的现代化建设提供新方案。[3]从横向上看,新征程需要把握和遵循总体布局和战略布局之间的关系逻辑和配合规律。[4]这不仅是因为"两个布局"的确立符合社会主义现代化的内在要求和建设规律,还因为它凸显了中国特色社会主义的独特制度优势。[5]然而若想精准识别和科学把握其中规律,我们就不能仅统筹推进五大建设领域,还要考虑其他重要领域的建设,如国防和军队现代化建设、政党现代化建设、人的现代化建设等;[6]我们就不能仅遵循社会主义现代化规律,

---

① 颜晓峰:《加强社会主义现代化的理论研究》,《行政管理改革》,2018 年第 8 期。
② 颜晓峰:《加强社会主义现代化的理论研究》,《行政管理改革》,2018 年第 8 期。
③ 颜晓峰:《加强社会主义现代化的理论研究》,《行政管理改革》,2018 年第 8 期。
④ 颜晓峰:《全面建设社会主义现代化国家的系统布局》,《马克思主义理论学科研究》,2020 年第 6 期。
⑤ 颜晓峰:《全面建设社会主义现代化国家的系统布局》,《马克思主义理论学科研究》,2020 年第 6 期。
⑥ 颜晓峰:《加强社会主义现代化的理论研究》,《行政管理改革》,2018 年第 8 期。

还需要"正确认识共产党执政规律、社会主义建设规律和人类社会发展规律";我们就不能仅满足于发现和遵循规律,还需要在新征程中充分发挥马克思主义中国化时代化的指导作用、为其提供创新实践空间。

第十一章

新时代推进马克思主义中国化时代化的基本经验

　　党的二十大报告指出,新时代根据国内外形势的变化,党在回答关系党和国家事业发展和治国理政的时代课题中,不断推进马克思主义中国化时代化的新发展,创立了习近平新时代中国特色社会主义思想。这一重大成果是新时代中国共产党人在继续推进马克思主义中国化时代化进程中成功经验的理论结晶。这些经验包括:坚持马克思主义指导是新时代马克思主义中国化时代化的理论根基,坚持"两个结合"是新时代马克思主义中国化时代化的根本途径,坚持人民至上是新时代马克思主义中国化时代化的价值旨归,坚持问题导向是新时代马克思主义中国化时代化的逻辑起点,坚持胸怀天下是新时代马克思主义中国化时代化的鲜明特征。科学总结新时代马克思主义中国化时代化的基本经验,对于新时代新征程更好地推进党的理论创新和实践发展,更好地推进马克思主义与中国国情相结合,具有重要的理论和实践意义。

一、坚持马克思主义是新时代马克思主义中国化时代化的理论根基

马克思主义是科学的指导思想,是新时代马克思主义中国化时代化的理论根基。其开放性的理论品格推动着新时代马克思主义中国化时代化的实践,是新时代马克思主义中国化时代化的内在动力。而作为新时代马克思主义中国化时代化的最新成果——习近平新时代中国特色社会主义思想,是以马克思主义为指导,聚焦于中国的具体现实与时代问题,成为新时代党和国家事业发展的基本遵循。

(一)马克思主义是新时代马克思主义中国化时代化的指导思想

一个民族要想走在时代前列,就必须有理论思维,必须有正确思想指引。党的二十大报告指出:"马克思主义是我们立党立国、兴党兴国的根本指导思想。"[①]中国共产党是以马克思主义为指导的政党,在任何时候,必须始终坚持马克思主义的指导地位。党的十八大以来,以习近平同志为核心的党中央旗帜鲜明地提出坚持马克思主义的指导地位,不断推进实践基础上的理论创新,推进着新时代马克思主义中国化时代化的理论创新。

马克思主义是新时代马克思主义中国化时代化的理论指引。马克思指出:"理论在一个国家实现的程度,总是决定于理论满足这个国家的需要的程度。"[②]马克思主义是我们立党立国的根本指导思想,是认识世界、把握规

---

① 习近平:《高举中国特色社会主义伟大旗帜 为全面建设社会主义现代化国家而团结奋斗——在中国共产党第二十次全国代表大会上的报告》,人民出版社,2022年,第16页。
② 《马克思恩格斯选集》(第一卷),人民出版社,1995年,第11页。

律、追求真理和改造世界的强大思想武器，是指引中国革命、建设和改革不断取得胜利的强大思想武器。无数次的事实证明，只有坚持马克思主义，才能够把准中国前进的方向，指导中国走向正确的道路。脱离或背弃马克思主义，中国前进的方向就会发生偏离，就会产生不可估量的后果。历史事实证明，只有把马克思主义基本原理同中国革命、建设和改革的具体实际结合起来，才得以团结带领中国人民完成了新民主主义革命、社会主义革命和建设，进行了建设中国特色社会主义的伟大实践，实现了中华民族从站起来到富起来的伟大飞跃。在新时代，中国共产党把马克思主义基本原理同新时代中国具体实际结合起来，团结带领中国人民进行伟大斗争、建设伟大工程、推进伟大事业和实现伟大梦想，推动着党和国家事业取得全方面、开创性历史成就，发生深层次、根本性历史变革，中华民族迎来了从富起来到强起来的伟大飞跃。中国共产党自诞生之日起就把马克思主义写在自己的旗帜上，不断推进马克思主义中国化时代化，并继续书写着新时代马克思主义中国化时代化的新篇章。在新的伟大征程中，在马克思主义的指导下，中国成功走上了全面建成社会主义现代化强国的康庄大道，在统筹推进"五位一体"总体布局、协调推进"四个全面"战略布局中，确保中华民族伟大复兴的巨轮始终沿着正确航向破浪前行，继续推进新时代马克思主义中国化时代化。

新时代马克思主义中国化时代化成果彰显着马克思主义行。党的二十大报告指出："实践告诉我们，中国共产党为什么能，中国特色社会主义为什么好，归根到底是马克思主义行，是中国化时代化的马克思主义行。"①拥有马克思主义科学理论的指导是中国共产党坚定信仰信念、把握历史主动的根本所在。新时代完成了具有重大现实意义和深远历史意义的三件大事：第一是迎来中国共产党成立一百周年；第二是中国特色社会主义进入新时

---

① 习近平：《高举中国特色社会主义伟大旗帜　为全面建设社会主义现代化国家而团结奋斗——在中国共产党第二十次全国代表大会上的报告》，人民出版社，2022年，第16页。

代;第三是完成脱贫攻坚、全面建成小康社会的历史任务,实现第一个百年奋斗目标。这些伟大成就是在马克思主义的指导下取得的,在应对诸如党内腐败、经济结构体制性矛盾、中国特色社会主义政治制度自信不足、网络舆论乱象丛生、民生保障的薄弱环节、资源环境等影响党长期执政、国家长治久安、人民幸福安康的突出矛盾和问题中,以习近平同志为核心的党中央采取战略性举措,推进变革性实践,实现突破性进展,经受住了来自政治、经济、意识形态、自然界等方面的风险挑战考验,创立了习近平新时代中国特色社会主义思想,实现了马克思主义中国化时代化新的飞跃,并用这一创新理论武装头脑、指导实践、推动工作。而这些成就的取得是马克思主义行的生动体现,充分说明习近平新时代中国特色社会主义思想的科学性,彰显着中国化时代化的马克思主义行。

(二)马克思主义开放性的理论品格推动着新时代马克思主义中国化时代化

新时代马克思主义之所以能够实现中国化时代化是因为马克思主义具有开放性的理论品格,是伴随着实践的发展而不断发展的理论,它不断回答着习近平新时代中国特色社会主义发展提出的新的时代课题,回应着人类社会的新挑战,并指导着新时代中国特色社会主义实践的进程。可以说,马克思主义开放性的理论品格是新时代马克思主义中国化时代化的内在动力,推动着新时代马克思主义中国化时代化的实现。而新时代马克思主义中国化时代化的最新成果则彰显着马克思主义开放性的理论品格,并指引着解决新时代中国特色社会主义发展变化中的问题。

马克思主义开放性的理论品格是新时代马克思主义中国化时代化的内在动力。马克思主义是开放的理论,是不断发展的理论。恩格斯说:"马克思的整个世界观不是教义,而是方法。它提供的不是现成的教条,而是进一步研究的出发点和供这种研究使用的方法。"①这说明马克思主义不是教条,而是前进道路上的行动指南,是随着实践的发展而不断丰富和发展的理论。党的十八大以来,面对世界百年未有之大变局,中国经历着人类历史上最广泛而深刻的变革,中国共产党带领人民在应对改革发展稳定、各种矛盾风险、治国理政考验的挑战中,马克思主义开放性的理论品格得以彰显,与中国实际、时代特征结合起来,从理论和实践结合上回答"关系党和国家事业发展、党治国理政的一系列重大时代课题"②,以全新的视野深化对共产党执政规律、社会主义建设规律、人类社会发展规律的认识,创造性地形成了马克思主义中国化时代化的最新成果——习近平新时代中国特色社会主义思想,实现了马克思主义中国化时代化新的飞跃。可以说,马克思主义的开放性使得马克思主义的中国化时代化具有了深层次的理论逻辑,持续推动着新时代马克思主义中国化时代化。

新时代马克思主义中国化时代化的最新成果则彰显着马克思主义开放性的理论品格。习近平新时代中国特色社会主义思想是新时代马克思主义中国化时代化的最新成果,科学地回答了中国之问、世界之问、人民之问、时代之问,是当代中国马克思主义、二十一世纪的马克思主义,是马克思主义在新时代的新发展和新成就,深刻地回答了"新时代坚持和发展什么样的中国特色社会主义、怎样坚持和发展中国特色社会主义""建设什么样的社会主义现代化强国、怎样建设社会主义现代化强国""建设什么样的长期执政的马克思主义政党、怎样建设长期执政的马克思主义政党"等重大时代课题,开辟了马克思主义中国化时代化的新境界。恩格斯指出:"历史从哪里开始,思想进程也应当从哪里开始,而思想进程的进一步发展不过是历史过

---

①　《马克思恩格斯选集》(第四卷),人民出版社,2012年,第664页。

②　习近平:《高举中国特色社会主义伟大旗帜　为全面建设社会主义现代化国家而团结奋斗——在中国共产党第二十次全国代表大会上的报告》,人民出版社,2022年,第17页。

程在抽象的、理论上前后一贯的形式上的反映。"①新时代马克思主义的中国化时代化是马克思主义开放性的必然结果。

推进马克思主义中国化时代化是一个追求真理、揭示真理、笃行真理的过程。新时代推进马克思主义中国化时代化就是不断验证马克思主义科学性、真理性，不断彰显马克思主义的开放性和时代性。在此过程中，马克思主义不断回应时代的声音，回答中国的问题，实现了马克思主义的中国化时代化，为全面建成社会主义现代化强国，为实现中华民族伟大复兴提供科学指南。在新时代推进马克思主义中国化时代化，就是要不断彰显马克思主义科学理论品格，就是要以习近平新时代中国特色社会主义思想的世界观和方法论为指引，就是要不断推进马克思主义与中国具体实际相结合、与中华优秀传统文化相结合，为新时代中国特色社会主义事业的发展提供强大的思想武器。

二、坚持"两个结合"是新时代马克思主义中国化时代化的根本途径

党的二十大报告指出："只有把马克思主义基本原理同中国具体实际相结合、同中华优秀传统文化相结合"②，才能正确回答新时代提出的问题。新时代马克思主义中国化时代化就是在坚持运用马克思主义基本原理解决新时代改革开放和社会主义现代化建设的实际问题中，坚持马克思主义思想精髓同中华优秀传统文化精神相融通，保持着马克思主义的蓬勃生机与旺盛活力。"两个结合"是推进马克思主义中国化时代化的根本路径和方法。

---

① 《马克思恩格斯文集》(第二卷)，人民出版社，2009年，第603页。
② 习近平：《高举中国特色社会主义伟大旗帜　为全面建设社会主义现代化国家而团结奋斗——在中国共产党第二十次全国代表大会上的报告》，人民出版社，2022年，第17页。

（一）坚持运用马克思主义基本原理解决新时代改革开放和社会主义现代化建设的实际问题

新时代推进马克思主义中国化时代化的基本途径之一是坚持运用马克思主义基本原理同中国具体实际相结合，尤其是与新时代改革开放和社会主义现代化建设的实际问题相结合。在新时代的中国特色社会主义实践中，中国共产党人不是简单地背诵和重复马克思主义的"具体结论"和"词句"，更拒绝把马克思主义当成"教条"和"本本"，而是坚持解放思想、实事求是、与时俱进、求真务实，一切从实际出发，运用马克思主义的世界观和方法论来解决新时代改革开放和社会主义现代化建设中的问题。党的十八大以来，我国社会主要矛盾发生了深刻的变化，人民日益增长的美好生活需要和不平衡不充分的发展之间的矛盾成为新时代要解决的核心问题。围绕着这个问题的解决，以习近平同志为核心的党中央以伟大的历史主动精神、巨大的政治勇气、强烈的责任担当，进行中国特色社会主义的战略部署，按照"五位一体"总体布局和"四个全面"战略布局要求，统筹推进经济建设、政治建设、文化建设、社会建设、生态文明建设，协调推进全面建成小康社会（全面建设社会主义现代化国家）、全面深化改革、全面依法治国、全面从严治党，解决了许多长期想解决而没有解决的难题，办成了许多过去想办而没有办成的大事，在坚持党的全面领导、全面从严治党、经济建设、全面深化改革开放、政治建设等方面取得了巨大的成就和发生了深刻变化，人民群众的获得感和幸福感不断增强，国家的综合国力不断提升，在不断应对国内外各种风险挑战中，迎来了从站起来、富起来到强起来的伟大飞跃，中华民族伟大复兴进入了不可逆转的历史进程。

恩格斯指出："历史从哪里开始，思想进程也应当从哪里开始，而思想进程的进一步发展不过是历史过程在抽象的、理论上前后一贯的形式上的反映。"①新时代所取得的伟大成就是在习近平新时代中国特色社会主义思想的指导下取得的,是中国共产党人运用马克思主义的立场、观点、方法来分析和解决新时代中国社会的问题,实现了马克思主义基本原理与新时代改革开放和中国现代化建设的实践相结合。历史用雄辩的事实说明,马克思主义基本原理与新时代中国具体实践相结合推进着马克思主义中国化时代化的进程,产生了马克思主义中国化时代化的理论成果。新时代新征程,以习近平同志为主要代表的中国共产党人不断正确把握新发展阶段,贯彻新发展理念,构建新发展格局,发展全过程人民民主,不断丰富人民的精神文化生活,扎实推进全体人民共同富裕,促进人与自然和谐共生,推动构建人类命运共同体,创造人类文明新形态,在实现第一个百年奋斗目标基础上,以第二个百年奋斗目标为指引,以中国式现代化全面推进中华民族伟大复兴,书写着新时代中国特色社会主义发展的新实践。在解决新时代改革开放和社会主义现代化建设的实际问题中,中国共产党人运用马克思主义基本原理,采用马克思主义的立场、观点和方法来解决新时代的各种问题,并在经验总结中实现了马克思主义理论的创新性发展,为实现中华民族伟大复兴提供了行动指南。可以说,在统筹中华民族伟大复兴战略全局和世界百年未有之大变局中,中国共产党坚持把马克思主义基本原理与中国的实际相结合,推动着马克思主义在解决中国特色社会主义的时代问题中,不断开辟马克思主义中国化时代化的新境界。

(二)坚持马克思主义思想精髓同中华优秀传统文化精神相融通

坚持把马克思主义基本原理与中华优秀传统文化相结合是新时代推进马克思主义中国化时代化的重要途径和方法。马克思说:"人们自己创造自

---

① 《马克思恩格斯文集》(第二卷),人民出版社,2009年,第603页。

己的历史,但是他们并不是随心所欲地创造,并不是在他们自己选定的条件下创造,而是在直接碰到的、既定的、从过去承继下来的条件下创造。"①新时代马克思主义中国化时代化的文化根基来自中华优秀传统文化,来自人民群众日用而不觉的共同价值观念。习近平新时代中国特色社会主义思想是从"直接碰到的、既定的、从过去承继下来",而这"直接的""既定的""继承的"就是中华优秀传统文化。中华优秀传统文化是中华文明的精神结晶,是新时代实现马克思主义中国化时代化的"文化条件"和"历史条件"。

中华文化拥有五千多年的历史,源远流长,博大精深。在人类历史演进的过程中,中华优秀传统文化可谓灿若星辰,经受了岁月的洗礼和沉淀,依然熠熠生辉。中华优秀传统文化是中华文明的智慧结晶,是中华民族的根和魂,蕴含着丰富的中国智慧,如"大道之行也,天下为公"的社会理想、"民为邦本""民为贵,社稷次之,君为轻"的民本思想、"道法自然""天人合一"的生命境界,为人们认识和改造世界提供了思想启迪、"天下兴亡,匹夫有责"的家国情怀、"以和为贵""和而不同"的和合思维等,都是中国人民在历史的长河中凝练和总结出来的宇宙观、天下观、社会观、道德观,体现了高尚的人文情怀和评判是非曲直的价值标准,潜移默化地影响着人们的行为方式和价值选择。这些价值理念和人文精神是宝贵的精神财富,彰显了中华民族独特的精神标识,是中华民族生生不息的丰厚精神滋养,同时也是科学社会主义核心价值观的追求,是中华优秀传统文化与马克思主义能够结合的内在因子。

中华优秀传统文化与马克思主义在价值追求方面高度契合,能够实现两者的深度融通。习近平指出:"马克思主义传入中国后,科学社会主义的主张受到中国人民热烈欢迎,并最终扎根中国大地、开花结果,决不是偶然的,而是同我国传承了几千年的优秀历史文化和广大人民日用而不觉的价

---

① 《马克思恩格斯选集》(第一卷),人民出版社,2012年,第669页。

值观念融通的。"①因此说,马克思主义之所以能够在中国大地扎根、开花和结果就是因为与中华优秀传统文化高度契合,与中华优秀传统文化价值观念的融通。中华优秀传统文化是马克思主义中国化时代化的历史基础和文化根基,是新时代马克思主义中国化时代化不断焕发生机活力的历史基础,更是不断推进新时代马克思主义中国化时代化理论创新的文化根基和底气。习近平新时代中国特色社会主义思想作为新时代马克思主义中国化时代化的理论创新成果,最显著的特征就是汲取了中华优秀传统文化的精华,不断推进中华优秀传统文化创造性转化和创新性发展,实现了中华优秀传统文化与马克思主义的深度融合,扎根于中国的"实际",汲取中国传统文化的"给养",使得马克思主义中国化时代化提升至更高的水平,在"不断赋予科学理论鲜明的中国特色,不断夯实马克思主义中国化时代化的历史基础和群众基础"②中,牢牢扎根于中国大地,焕发出马克思主义在新时代的生机和活力,指引着实现中华民族伟大复兴的正确航向。可以说,正是在马克思主义基本原理与中华优秀文化的深度融合和成功结合中,习近平新时代中国特色社会主义思想继承中华优秀传统文化的思想精粹,彰显着深厚的文化底蕴和鲜明的文化特色,成为中华文化和中国精神的时代精华。

三、坚持人民至上是新时代马克思主义中国化时代化的价值旨归

人民是历史的创造者。坚持人民至上是中国共产党始终不渝的价值追求,是习近平新时代中国特色社会主义思想的世界观和方法论重要内容之一,更是新时代马克思主义中国化时代化的价值遵循。而新时代中国共产

---

① 《习近平谈治国理政》(第三卷),外文出版社,2020年,第120页。
② 《习近平著作选读》(第一卷),人民出版社,2023年,第15页。

党领导的中国式现代化始终坚持以人民为中心,想人民之所想,急人民之所急,行人民之所嘱,把满足人民美好需要作为奋斗和努力的目标,这为新时代马克思主义中国化时代化提供了不竭源泉和动力。

(一)一切为了人民是新时代马克思主义中国化时代化的价值遵循

马克思主义是人民的理论,是为了实现人类的解放而创立的思想体系,它以科学的理论为建立一个没有压迫、没有剥削、人人平等和自由的理想社会指明方向,深深扎根于人民之中,指明人民群众是历史的推动者和创造者。在漫长的历史演进过程中,中国人民勤劳善良、勇敢创新,创造了璀璨的文明,建立了中华民族的精神家园,更培育了历久弥新的优秀文化。中国人民热爱生活,期盼可以拥有更好的教育、更稳定的工作、更满意的收入、更可靠的社会保障、更高水平的医疗卫生服务、更舒适的居住条件、更优美的环境,期盼孩子们能成长得更好、工作得更好、生活得更好,对美好生活充满了期盼。中国共产党是人民的政党,它始终以全心全意为人民服务为宗旨,"与人民心心相印、与人民同甘共苦、与人民团结奋斗"[①]。中国共产党百余年来的奋斗史就是为人民利益坚持好的、为人民利益改正错的、全心全意为人民奋斗的历史,始终践行江山就是人民,人民就是江山的追求。人民至上是中国共产党治国理政的价值追求,是中国共产党努力奋斗的价值所在,更是中国共产党不断推进理论创新的价值遵循。

一切为了人民更是新时代马克思主义中国化时代化的价值遵循。习近平新时代中国特色社会主义思想始终坚持人民至上,坚持让人民过上好日子,无论面对多大的挑战和压力,无论付出多大的牺牲和代价,始终坚持以人民为中心的发展思想,并落实在各项决策部署和实际工作之中。在新冠

---

① 中共中央文献研究室编:《十八大以来重要文献选编》(上),中央文献出版社,2014年,第70页。

病毒感染面前,中国共产党强调把人民生命安全和身体健康放在第一位,始终坚持人民至上、生命至上,为了保护人民生命安全和身体健康不惜一切代价,征调全国最优秀的医生、最先进的设备、最急需的资源,全力以赴投入疫情防控和救治,医疗费用全部由国家承担。新时代紧紧围绕着不断满足人民日益增长的美好生活需要,把人民安居乐业、安危冷暖放在心上,用心用情用力解决群众关心的就业、教育、社保、医疗、住房、养老、食品安全、社会治安等民生问题,让人民在不断满足各种需求中增强获得感和幸福感。新时代,中国共产党始终保持同人民群众的血肉联系,始终同人民群众想在一起、干在一起、风雨同舟、同甘共苦。中国共产党坚持全面从严治党,坚定不移反对和惩治腐败,坚持不懈整治"四风",进行党的群众路线教育实践活动、开展"不忘初心、牢记使命"主题教育,引导广大干部群众深刻认识"中国共产党是什么""中国共产党干什么"的问题,保持同人民群众同呼吸、共命运、心连心。坚定不移反对腐败,坚持不懈反对和克服形式主义、官僚主义,全面从严治党取得显著成效,保持了党的先进性和纯洁性,保持人民政党为人民的本色。可以说,人民性不仅是马克思主义的显著特征和本质属性,也是马克思主义中国化时代化一以贯之的价值追求。始终坚持人民至上,一切为了人民是习近平新时代中国特色社会主义思想的价值遵循,因此新时代马克思主义中国化时代化要始终站稳人民立场、把握人民愿望、尊重人民创造、集中人民智慧,使习近平新时代中国特色社会主义思想成为造福人民、充满着生机和活力的理论。

(二)一切为了人民是新时代马克思主义中国化时代化的不竭源泉

时代是思想之母,实践是理论之源。理论的创新来自丰富而生动的现实生活,理论的飞跃来自解决社会问题的现实需要。来自生动实践的科学理论,又反过来指导实践的进行。习近平新时代中国特色社会主义思想扎根于中国的实际和现实,解决的是新时代党和国家社会生活中的重大问题,指导着中国式现代化实践的进行。党的二十大报告指出:"党的理论是来自人民、为了人民、造福人民的理论,人民的创造性实践是理论创新的不竭源泉。"①习近平新时代中国特色社会主义思想并不是书斋里的学问,更不是"简单套用马克思主义经典作家设想的模板,不是其他国家社会主义实践的再版,也不是国外现代化发展的翻版"②,是来自人民、为了人民、依靠人民的理论,是掷地有声地向人民承诺、为了人民利益而奋斗和充满生命力的理论,是在人民创造性实践中形成的为人民所认同的理论,是在党领导人民进行中国式现代化实践中形成的,用于指导新时代以中国式现代化全面推进中华民族伟大复兴的实践,是指导新时代人民认识世界和改造世界的强大思想武器。

现实的成功是最好的理论。习近平新时代中国特色社会主义思想之所以是"成功的最好理论",是因为这一理论始终坚持人民至上,坚持一切为了人民,关注解决人民最为关切的问题。党的十八大以来,党始终坚持以人民为中心的发展思想,维护人民根本利益,增进民生福祉,全面建成小康社会,实现了第一个百年奋斗目标,历史性地解决了绝对贫困问题,正在意气风发向着全面建成社会主义现代化强国的第二个百年奋斗目标迈进。这些目标的着眼点就是人民的需要,坚持不断实现发展为了人民、发展依靠人民、发展成果由人民共享,让中国特色社会主义的成果更多更公平惠及全体人民。消除贫困、改善民生、实现共同富裕是社会主义的本质要求,是中国共产党坚持全心全意为人民服务的根本宗旨的重要体现,是坚持以人民为中心的生动体现,是在习近平新时代中国特色社会主义思想指导下进行的,并不断彰显着习近平新时代中国特色社会主义思想的人民性,是习近平新时代中

---

① 习近平:《高举中国特色社会主义伟大旗帜　为全面建设社会主义现代化国家而团结奋斗——在中国共产党第二十次全国代表大会上的报告》,人民出版社,2022年,第19页。
② 《习近平谈治国理政》(第二卷),外文出版社,2017年,第344页。

国特色社会主义思想的出发点和归宿。

党的二十大报告指出,谱写马克思主义中国化时代化的新篇章,要站稳人民立场,把握人民愿望,造福人民生活。坚持人民至上要求在新时代新征程着眼于人民群众急难愁盼问题,切实站在人民的立场上提出真正解决问题的新理念新思想新方法,不断推进理论的创新。新时代新征程上,不平衡不充分的发展问题仍然突出,人民在就业、教育、医疗、住房、养老等方面面临不少难题,必须以解决好人民群众的切身利益为主要抓手,不断推进马克思主义中国化时代化。党的二十大报告指出,新时代新征程中国共产党的中心任务就是团结带领全国各族人民全面建成社会主义现代化强国、实现第二个百年奋斗目标,以中国式现代化全面推进中华民族伟大复兴。在全面建设社会主义现代化国家新征程中,党的重要任务就是要实现好、维护好、发展好最广大人民的根本利益,抓住人民最关心最直接最现实的利益问题,着力解决人民群众最关心的问题,扎实推进共同富裕。可以说,坚持人民至上,一切为了人民,依靠人民,尊重人民的创造性实践,不断推进高质量发展,推进理论创新,不断推进新时代马克思主义中国化时代化的进行。

四、坚持问题导向是新时代马克思主义中国化时代化的逻辑起点

党的二十大报告指出:"我们要增强问题意识,聚焦实践遇到的新问题、改革发展稳定存在的深层次问题、人民群众急难愁盼问题、国际变局中的重大问题、党的建设面临的突出问题,不断提出真正解决问题的新理念新思路新办法。"[1]这说明增强问题意识,注重解决新时代的问题是理论创新的逻辑

---

[1] 习近平:《高举中国特色社会主义伟大旗帜 为全面建设社会主义现代化国家而团结奋斗——在中国共产党第二十次全国代表大会上的报告》,人民出版社,2022年,第20页。

起点。坚持问题导向是习近平新时代中国特色社会主义思想的世界观和方法论的重要组成部分,是新时代马克思主义中国化时代化的逻辑起点,是指引新时代新征程以中国式现代化全面推进中华民族伟大复兴的"思想牵引",而解决新时代发展中的问题是马克思主义中国化时代化的实践逻辑。

(一)增强问题意识是新时代马克思主义中国化时代化的逻辑起点

马克思说:"主要的困难不是答案,而是问题。……问题就是时代的口号,是它表现自己精神状态的最实际的呼声。"[①]问题是时代的声音,回答并指导解决问题是理论的根本任务。回答新时代坚持和发展什么样的中国特色社会主义、怎样坚持和发展中国特色社会主义等一系列问题是新时代马克思主义中国化时代化的重要课题。在回答和解决这些问题的实践中,创立了解决问题的科学理论——习近平新时代中国特色社会主义思想。习近平指出:"问题是创新的起点,也是创新的动力源。只有聆听时代的声音,回应时代的呼唤,认真研究解决重大而紧迫的问题,才能真正把握住历史脉络、找到发展规律,推动理论创新。"[②]问题是事物矛盾的表现形式,坚持问题导向是认识和化解矛盾的突破口。增强问题意识、坚持问题导向,就是要承认矛盾的普遍性、客观性,要善于把认识和化解矛盾作为解决新时代问题的突破口。新时代,我国社会已经进入了发展关键期、改革攻坚期、矛盾凸显期,面临的问题异常复杂多样,既有过去长期积累而成的矛盾,也有在解决旧矛盾过程中新产生的矛盾,还有随着形势环境变化新出现的矛盾。这就要求必须坚持问题导向,以解决问题作为新时代党和国家工作突破口的重要抓手,一切从实际出发,聚焦新时代实践中遇到的新问题,"坚持以我们正在做

---

① 《马克思恩格斯全集》(第40卷),人民出版社,1982年,第289~290页。
② 中共中央文献研究室编:《习近平关于社会主义文化建设论述摘编》,中央文献出版社,2017年,第23页。

的事情为中心,聆听时代声音,更加深入地推动马克思主义同当代中国发展的具体实际相结合,不断开辟二十一世纪马克思主义发展新境界,让当代中国马克思主义放射出更加灿烂的真理光芒"①。

坚持问题导向是不断推进马克思主义中国化时代化的逻辑起点。新征程,要坚持问题导向,必须"聚焦我国改革开放和社会主义现代化建设面临的重大现实问题、全局性战略问题、人民群众关心关注的热点难点问题,为解决问题提供新理念、新思路、新办法"②。我国已经站在了新的历史起点,要准确把握新发展格局、新发展阶段的新要求,坚持问题导向,准确贯彻新发展理念。唯有如此,举措才能更加精准务实,才能切实解决好人民对美好生活的需要和不平衡不充分的发展问题,才能真正推动中国经济的高质量发展,中国经济的巨轮才能行稳致远。坚持问题导向,聚焦于全面深化改革中的重点难点问题,系统思考和回答全面深化改革在中华民族伟大复兴中的地位和作用,把准全面深化改革的脉搏,解决新征程中交织、叠加的各类矛盾。坚持问题导向,聚焦世界百年未有之大变局的现实,重点解决在大变局中如何掌握主动权,朝着有利于全面建成社会主义现代化强国,实现中华民族伟大复兴的方向发展,推动"一带一路"高质量发展,构建人类命运共同体,在全球治理体系中发挥应有的作用,应对世界性问题,为实现中华民族伟大复兴创造良好的国际环境。而这些问题的解决,前提就是要坚持问题导向,增强问题意识。

(二)解决时代问题是新时代马克思主义中国化时代化的实践逻辑

新时代马克思主义中国化时代化的过程就是在不断回答新时代实践中

---

① 《十八大以来重要文献选编》(下),中央文献出版社,2018年,第347页。

② 中共中央党史和文献研究院、中央"不忘初心、牢记使命"主题教育领导小组办公室编:《习近平关于"不忘初心、牢记使命"论述选编》,党建读物出版社、中央文献出版社,2019年,第333页。

提出的各种新问题、解决新时代中国特色社会主义实践中的各种复杂问题中推进的。新时代，尽管改革开放和社会主义现代化建设取得巨大成就，党的建设新的伟大工程取得显著成效，但长期积累及新出现的突出矛盾和问题亟待解决。面对这些影响党长期执政、国家长治久安、人民幸福安康的突出矛盾和问题，坚持以问题为导向，在解决新时代中国的现实问题中，实现了马克思主义中国化时代化的新飞跃，这是习近平新时代中国特色社会主义思想深厚的实践基础。

针对党内存在不少对坚持党的领导认识模糊、行动乏力问题，存在不少落实党的领导弱化、虚化、淡化问题，针对有些党员、干部政治信仰发生动摇的问题，针对一些地方和部门形式主义、官僚主义、享乐主义和奢靡之风屡禁不止，特权思想和特权现象较为严重问题，全面加强党的领导，坚持全面从严治党，从制定和落实中央八项规定开局破题，提出和落实新时代党的建设总要求。持之以恒正风肃纪，坚决整治群众身边的不正之风和腐败问题。开展反腐败斗争，一体推进不敢腐、不能腐、不想腐，反腐败斗争取得压倒性胜利并全面巩固，并且找到了跳出历史周期率的第二个答案——党的自我革命。

针对经济结构性、体制性矛盾突出，发展不平衡、不协调、不可持续，传统发展模式难以为继，一些深层次体制机制问题和利益固化藩篱日益显现的问题，提出并贯彻新发展理念，着力推进高质量发展，推动构建新发展格局，实施供给侧结构性改革，制定一系列具有全局性意义的区域重大战略，我国经济实力实现历史性跃升。

针对一些人对中国特色社会主义政治制度自信不足，有法不依、执法不严等问题，坚持中国特色社会主义政治发展道路，全面发展全过程人民民主，全面依法治国总体格局基本形成，法治中国建设开创新局面。

针对拜金主义、享乐主义、极端个人主义和历史虚无主义等错误思潮不时出现，网络舆论乱象丛生，严重影响人们的思想和社会舆论环境，确立和坚持马克思主义在意识形态领域的指导地位，社会主义核心价值观广泛传播,中华优秀传统文化得到创造性转化、创新性发展,意识形态领域形势发生全局性、根本性转变。

针对民生保障存在不少薄弱环节,始终坚持以人民为中心的发展思想,在幼有所育、学有所教、劳有所得、病有所医、老有所养、住有所居、弱有所扶上持续用力,人民生活全方位改善。

针对资源环境约束趋紧、环境污染等问题,坚持绿水青山就是金山银山的理念,全方位、全地域、全过程加强生态环境保护,生态文明制度体系更加健全。针对维护国家安全制度不完善、应对各种重大风险能力不强,国防和军队现代化存在不少短板弱项,贯彻总体国家安全观,国家安全领导体制和法治体系、战略体系、政策体系不断完善,确立党在新时代的强军目标,坚决把全军工作重心归正到备战打仗上来,加快国防和军队现代化建设。

针对香港、澳门落实"一国两制"的体制机制不健全的问题,全面准确推进"一国两制"实践,坚持"一国两制""港人治港""澳人治澳"、高度自治的方针,提出新时代解决台湾问题的总体方略,坚决反对"台独"分裂行径,坚决反对外部势力干涉,牢牢把握两岸关系主导权和主动权。可以说,在解决新时代中国在经济建设、政治建设、文化建设、社会建设、生态文明建设中存在的一系列问题的社会实践中,实现了新时代马克思主义中国化时代化的理论创新,为习近平新时代中国特色社会主义思想提供了厚实的实践基础。

总之,坚持问题导向,强化问题意识,是新时代马克思主义中国化时代化的逻辑起点。而坚持解决新时代中国正在发生的问题,以解决问题为牵引,推动中国特色社会主义不断向前发展,则是新时代马克思主义中国化时代化的实践基础。

五、坚持胸怀天下是新时代马克思主义中国化时代化的鲜明特征

中国共产党是为中国人民谋幸福、为中华民族谋复兴、为世界谋大同的政党。坚持胸怀天下是习近平新时代中国特色社会主义思想的世界观和方法论的重要组成部分,这不仅彰显了新时代马克思主义中国化时代化的人类情怀和世界关照,而且为世界和平与发展贡献中国智慧、中国方案、中国力量。

(一)坚持胸怀天下彰显了新时代马克思主义中国化时代化的人类情怀

中国共产党自诞生之日起就秉持世界眼光关注人类的命运和发展,关照人类的最终解放。这一追求在中国共产党带领人民的奋斗实践中始终如一,从未改变。坚持胸怀天下既是党的百余年奋斗取得巨大成就的重要经验之一,更是在新时代中国特色社会主义实践基础上,吸取了人类社会发展经验总结出来的,是新时代马克思主义中国化时代化的鲜明特征。当今世界进入动荡变革期,不确定不稳定因素增多,人类文明的发展进步受到严重挑战,中国共产党始终以世界眼光关注世界和全人类的命运,关注中国与世界的互动,始终从人类发展大潮流、世界变化大格局、中国发展大历史的视角,来科学认识和正确处理中国同外部世界的关系。

面对单边主义、霸凌主义盛行,贸易保护主义的不断抬头,中国坚持开放、不搞封闭,不断开创对外开放的新局面。面对零和博弈,中国坚持互利共赢,共同进步,共同发展。面对西方大国的挑战,国际社会的不公,中国坚持主持公道、伸张正义,致力于构建公平公正的国际治理体系。中国不走一

些国家通过战争、殖民、掠夺等方式实现现代化的老路,不走那种损人利己、充满血腥罪恶的老路,那只会给广大发展中国家人民带来深重苦难,成为搅动世界不安的"罪魁祸首"。中国始终坚持和平发展道路,"既通过维护世界和平发展自己,又通过自身发展维护世界和平",更要"同世界上一切进步力量携手前进",①不孤立自己,不依附别人,不欺负别人,不掠夺别人,永不称霸。坚持胸怀天下体现在以大格局大胸怀来擘画人类的共同未来,如果仅仅强调"本国优先",那么世界是狭小而拥挤的,且处处充满着"丛林法则"和"激烈竞争",但如果从命运与共的角度来看,世界是无限宽广博大的,且处处都有合作的机遇,中国呼吁要顺应时代发展的潮流,积极推动各国之间的协调与合作,把世界各国人民的利益统一起来,努力构建人类命运共同体。不仅如此,中国还坚定站在历史正确的一边、站在人类文明进步的一边,高举和平、发展、合作、共赢旗帜,"在坚定维护世界和平与发展中谋求自身发展,又以自身发展更好维护世界和平与发展"②,为人类文明进步贡献智慧和力量,同世界各国人民一起,推动历史车轮向着光明的前途前进。党的二十大报告指出:"万物并育而不相害,道并行而不相悖。只有各国行天下之大道,和睦相处、合作共赢,繁荣才能持久,安全才有保障。"③这是胸怀天下的外在表现和内在要求,更是中国共产党坚持胸怀天下的生动写照。中国既关注自身的发展,站稳中国的立场,又着眼于世界的发展,带有浓厚的人类情怀,关注人类的生存和发展,关注人类的自由与解放,不断推动世界向着和平与发展的轨道前进,这彰显了马克思主义中国化时代化的人类情怀,更验证着习近平新时代中国特色社会主义思想世界观与方法论的正确性。

---

① 《中共中央关于党的百年奋斗重大成就和历史经验的决议》,人民出版社,2021年,第68页。
② 习近平:《高举中国特色社会主义伟大旗帜 为全面建设社会主义现代化国家而团结奋斗——在中国共产党第二十次全国代表大会上的报告》,人民出版社,2022年,第23页。
③ 习近平:《高举中国特色社会主义伟大旗帜 为全面建设社会主义现代化国家而团结奋斗——在中国共产党第二十次全国代表大会上的报告》,人民出版社,2022年,第62页。

（二）坚持胸怀天下为世界和平与发展贡献中国智慧、中国方案、中国力量

马克思、恩格斯说："随着贸易自由的实现和世界市场的建立，随着工业生产以及与之相适应的生活条件的趋于一致，各国人民之间的民族分隔和对立日益消失。"① 当今的世界是不同制度、不同类型、不同发展阶段的国家相互依存、利益交融，你中有我，我中有你，紧密联系的命运共同体。各国之间命运休戚与共，没有任何一个国家可以凭一己之力谋求自身绝对安全，也没有任何一个国家可以从别国动荡中收获稳定。当前世界经济处于深刻的利益调整期，全球治理体系处于变革的历史转折点，如何认识和推动世界和平稳定的长期发展是摆在世界人民面前的问题。中国共产党始终坚持胸怀天下，不断拓展世界眼光，深刻洞察人类发展进步潮流，积极回应各国人民普遍关切，为解决人类面临的共同问题献计献策，持续以海纳百川的宽阔胸襟借鉴吸收人类一切优秀文明成果，推动建设更加美好的世界。习近平指出："办好中国的事，让14亿多中国人民过上更加美好的生活，促进人类和平与发展的崇高事业，这是中国共产党矢志不渝的奋斗目标。"② 这是坚持胸怀天下的生动写照。中国共产党以让人民过上美好生活为奋斗目标，又在致力于推动人类和平事业的发展中，不断推进新时代马克思主义中国化时代化，以与时俱进的科学理论为中国发展进步指明路径和方向，为世界和平与发展贡献中国智慧和中国方案。

党的十八大以来，为应对国际形势的风云激荡，解决人类共同面临的难题，推动世界的和平发展，习近平站在中华民族伟大复兴战略全局和世界百年未有之大变局的战略高度，创造性提出构建人类命运共同体理念，推动共

---

① 《马克思恩格斯选集》（第一卷），人民出版社，2012年，第419页。

② 习近平：《加强政党合作共谋人民幸福——在中国共产党与世界政党领导人峰会上的主旨讲话》，人民出版社，2021年，第7页。

建"一带一路"助力构建开放型世界经济,积极参与二十国集团、金砖国家、亚太经合组织、上海合作组织等,推动着人类命运共同体的构建。贫困是世界性的难题,消除贫困是人类共同的期盼,也是世界各国的责任和使命。中国是世界上最大的发展中国家,一直是世界减贫事业的积极倡导者和有力践行者。在中国共产党的领导下,经过8年的努力,如期打赢脱贫攻坚战,完成了新时代脱贫攻坚的目标。这使得中国提前实现了联合国2030年可持续发展议程减贫目标,使近1亿中国人彻底摆脱贫困,消除了绝对贫困和区域性整体贫困,实现了千年的梦想和目标,创造了减贫治理的中国奇迹,成为全球可资借鉴的减贫治理的中国样本,为世界减贫事业作出了重要贡献。

不仅如此,中国在消除自身贫困之时,积极关注开展南南合作,"力所能及向其他发展中国家提供不附加任何政治条件的援助,支持和帮助广大发展中国家特别是最不发达国家消除贫困"①,致力于建设一个没有贫困、没有饥饿的世界。为了应对新冠病毒感染,中国发起了援助时间最集中、涉及范围最广的人道主义援助。为了应对全球气候变暖,中国采取各种措施积极推动实现碳中和的目标。诸如此类,不胜枚举。可以说,坚持胸怀天下,中国以实际行动回答了"世界怎么了""世界怎么办",积极推动建设新型国际关系,发展全球伙伴关系。为了人类共同的目标,中国成为国际社会公认的世界和平的建设者、全球发展的贡献者、国际秩序的维护者,引领着时代潮流和人类前进的方向。

新时代新征程,坚持胸怀天下就是要在以中国式现代化全面推进中华民族伟大复兴的进程中,"弘扬和平、发展、公平、正义、民主、自由的全人类共同价值",始终"坚持合作、不搞对抗,坚持开放、不搞封闭,坚持互利共赢、不搞零和博弈,反对霸权主义和强权政治"②,继续推动构建人类命运共同

---

① 习近平:《携手消除贫困 促进共同发展——在2015减贫与发展高层论坛的主旨演讲》,人民出版社,2015年,第7页。
② 习近平:《在庆祝中国共产党成立100周年大会上的讲话》,《人民日报》,2021年7月2日。

体,为世界和平与发展和人类文明进步贡献中国智慧、中国方案、中国力量。

综上所述,新时代马克思主义中国化时代化的基本经验,凝聚了新时代以习近平同志为核心的党中央对马克思主义中国化时代化内在规律的深刻总结。坚持并不断发展这些紧密联系且相互贯通的成功经验,为新时代新征程中国共产党人继续推进马克思主义中国化时代化提供可能的经验遵循和指引,并不断在建设社会主义现代化强国和实现中华民族伟大复兴的实践中开辟马克思主义中国化时代化新境界,创造马克思主义中国化时代化新辉煌。

后　记

　　不断谱写马克思主义中国化时代化新篇章,是当代中国共产党人的庄严历史责任。中国共产党人深刻认识到,只有把马克思主义基本原理同中国具体实际相结合、同中华优秀传统文化相结合,坚持运用辩证唯物主义和历史唯物主义,才能正确回答时代和实践提出的重大问题,才能始终保持马克思主义的蓬勃生机和旺盛活力。

　　本书以马克思主义发展史、马克思主义中国化时代化发展史为背景,以新时代开辟马克思主义中国化时代化境界为主题,以党的二十大报告为依据,坚持学理性和实践性相统一,从理论逻辑、实践逻辑、历史逻辑三个层面揭示开辟马克思主义中国化时代化新境界的必然性,具体阐释马克思主义中国化时代化最新成果,力图揭示中国化时代化马克思主义的发展规律和基本经验,呈现当代中国马克思主义、二十一世纪马克思主义的思想品格和理论内涵。

　　本书是2022年度天津市哲学社会科学规划重大委托项目"开辟马克思主义中国化时代化新境界的基本原则和路径方法研究"(项目编号:TJESDZX22-05)的结项成果,由天津大学马克思主义学院组织编写,是各位作者集体创作的成果。各章作者分别为:第一章(孙利,天津大学);第二章

(王龙腾,天津大学);第三章(颜晓峰,天津大学);第四章(曾薇,东北大学);第五章(徐菁忆,天津大学);第六章(任倚步,天津大学);第七章(张艳红,天津大学);第八章(武捷,天津大学);第九章(韩淑慧,天津大学);第十章(王丹彤,天津大学);第十一章(王晓霞,天津大学)。颜晓峰负责全书总体设计,颜晓峰、王龙腾负责全书统稿,王龙腾、徐菁忆、张艳红负责撰写工作协调。

本书的出版得到了天津大学马克思主义学院的大力支持,得到了天津人民出版社的大力支持。出版社郑玥、佐拉两位老师从选题申报到编辑修改,都给予了很大帮助和支持。在此一并表示衷心感谢!

本书的不足之处,恳请各位读者批评指正。

作者

2024年6月